Com[t] HARFELD

Opinions Chinoises

sur les Barbares d'Occident

PARIS
PLON-NOURRIT & Cie
Rue Garancière, 2

BRUXELLES
ALBERT DEWIT
Rue Royale, 53

1909

Opinions Chinoises sur les Barbares d'Occident

SUPPLICE DES ÉTRANGERS
ET DES CHRÉTIENS,
FIGURÉS
PAR LES CHÈVRES ET LES POURCEAUX

(Jeux de mots sur les sons « Si » —
— Occident, et « Jé sou Kiao » —
religion de Jésus.)

« TUEZ LES ÉTRANGERS ET BRÛLEZ
LES BIBLES. »

SUPPLICES
A INFLIGER AUX ÉTRANGERS.

**Quelques-unes des gravures d'attaque
dont la distribution précède toujours les massacres
(Chapitre IV)**

Com[t] HARFELD

Ancien Secrétaire technique du chemin de fer Pekin-Hankow, etc., etc.

Opinions Chinoises sur les Barbares d'Occident

漢人何如
評論大西洋

哈爾法

PARIS
PLON-NOURRIT & Cie
Rue Garancière, 2

BRUXELLES
ALBERT DEWIT
Rue Royale, 53

1909

Du même auteur :

DANS LE HOU NANN
ET LE KIANG SI

In-8o.

PLAN

*

AVANT-PROPOS

□ □ □

Diverses missions techniques, études de mines et reconnaissances de voies ferrées, dont je fus chargé en 1902, m'ont amené à parcourir, pendant quatre ans, la plupart des provinces centrales et méridionales de l'Empire du Milieu.

Au cours de ces voyages, je fus mis en rapport avec de nombreux Chinois, et la curiosité qu'ils excitèrent tout d'abord en moi devint bientôt un intérêt très vif pour ce peuple, dont la civilisation, fort avancée pourtant, est si différente de la nôtre.

J'ai essayé de comprendre l'âme chinoise et voulu me rendre compte des raisons qui font naître la xénophobie dont elle est saturée.

Je crois utile d'exposer les griefs chinois. Peut-être ainsi pourra-t-on atténuer leur acuité; peut-être même quelques-uns d'entre eux disparaîtront-ils complètement. En tout cas, un fait est positif :

ce sont des fautes presque toujours identiques qui soulèvent périodiquement, avec des cris de passion et de rage, une population en réalité paisible et pacifique.

Tous les massacres qui ont marqué de taches sanglantes l'histoire de la Chine, pendant les cinquante dernières années, résultent des mêmes causes et présentent les mêmes phases. L'étude de la genèse et du développement de ces drames cruels permettra d'en éviter le renouvellement trop fréquent.

Mes recherches ont été ardues, car le fils de Han ne se livre guère. Peut-être ne les aurais-je pas menées à bien si je n'avais trouvé l'aide précieuse d'un lettré intelligent et droit, qui se rendait compte de leur utilité.

J'ai choisi dans le peuple chinois des types caractéristiques, représentés par des personnages dont j'ai modifié le nom, mais dont je puis affirmer l'existence. Je les ai vus, je leur ai parlé. Tous ceux qui ont voyagé en Chine les reconnaîtront.

Quant aux documents dont je me suis servi, ils sont originaux, et je les ai reproduits en serrant leur texte d'aussi près que possible.

Juillet 1908.

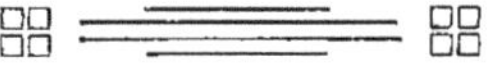

CHAPITRE Ier

OPINIONS
D'UN
LETTRÉ ÉCLAIRÉ

OPINIONS DE WENN TCHAO LANN

Mandarin civil du premier degré du troisième ordre (1),
décoré de la Plume de paon à deux yeux
Préfet de Tsenn Tchow (Hou Nann N.-O.)

□ □ □

(1) Les mandarins de ce rang ont droit au titre honorifique de « tong tcheng tâ fou ». Ils portent le bouton bleu clair au sommet du chapeau et le paon (« koung tchouëh ») sur l'écusson.

Les dignités, civiles ou militaires, comprennent neuf ordres, divisés chacun en deux classes.

Les décorations chinoises les plus usuelles consistent en plumes attachées au sommet du chapeau de cérémonie. Elles sont dirigées en arrière et vers le bas. Elles comprennent la plume bleue (« lann ling »), la plume de paon à un œil (« tann yenn houa ling »), la plume de paon à deux yeux (« shouang yenn houa ling ») et la plume de paon à trois yeux (« sann yenn houa ling »). Cette dernière distinction est réservée aux plus hauts dignitaires.

Le mérite militaire (« pa tou lou ») est une queue de renard attachée au chapeau.

La jaquette jaune (« houang mâ koua ») le manteau d'honneur (« hsing koua »), le droit de monter à cheval dans l'enceinte de la cité pourpre défendue (« tsou tching tcheng noui tchi mâ »), sont des distinctions fort rares et enviées.

Tsenn Tchow est une préfecture de second ordre à la tête de laquelle est un « tche tchéou ». Dans la conversation, les fonctionnaires de la catégorie « tche tchéou » ont droit au titre de « Tche fou » (préfet de premier ordre).

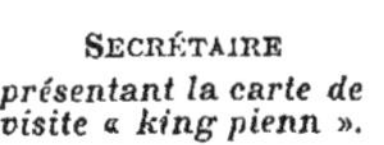

SECRÉTAIRE
présentant la carte de visite « king pienn ».

MANDARIN CIVIL EN GRAND COSTUME.

Première Partie

□ □ □

Griefs des Chinois

□ □

Le 23 mai 1906.

TSENN TCHOW, ville préfecturale du Hou Nann nord-occidental, est bâtie sur les collines de la rive gauche du Yuenn Kiang.

La journée avait été radieuse. Les sommets des montagnes de Wann Si pou, sur la rive droite du fleuve, étaient encore baignés de lumière, mais l'ombre montait peu à peu sur les versants, où le roc qui affleure troue la végétation d'un vert bleuâtre.

TSENN TCHOW

Vers l'Est, se faisant face, sur les crêtes des

TOITURES INCURVÉES ET COMPLEXES.
(Texte page 5)

berges escarpées, les pagodes de Wou Tchai bî et de Wann Sann tchio découpent sur le ciel leur profil aigu.

Les dernières clartés du soleil s'épanchent et ruissellent sur le fleuve qui scintille. Près des rives, distantes en ce point de quatre à cinq cents mètres, le courant se heurte à d'énormes blocs de grès rouge écroulés. L'îlot rocheux de Ma Ngann shann divise le lit en deux bras, un peu en amont de la vieille cité de Tsenn Tchow, dont la lourde muraille lépreuse, aux créneaux innombrables, cotoie la rive gauche et se développe sur cinq kilomètres de tour. Quelques jonques sont ancrées près de la porte Sud.

L'enceinte entoure quinze mille masures, d'où

PAÏFANG PRÈS DE NING XIANG (HOU NANN).

émergent les triples « païfang » (1) délabrés, les grands mâts officiels des « yamênn » et les lourdes toitures des temples, incurvées et complexes. Au faîte des édifices, les tuiles vernissées, les globes

(1) « Païfang ». Réduit à sa plus simple expression, un païfang (ou païlo) comprend quatre piliers de pierre enfoncés dans le sol en des points situés en ligne droite.

Les sommets des colonnes médianes, à même hauteur, supportent une pierre sculptée. Elles sont plus élevées que les piliers extrêmes, sur lesquels reposent deux pierres horizontales. L'ensemble forme trois baies. Des ornements de pierre fouillée, des éléphants et des poissons de granit, des toitures de porcelaine colorée complètent le monument. Celui-ci est érigé en l'honneur des veuves qui se sont suicidées à la mort de leur mari, ou bien en mémoire des mandarins qui ont traité avec droiture leurs administrés.

Quant aux « yamênn » (littéralement : ya, drapeau; mênn, porte; porte du drapeau, quartier général), ce sont

ovoïdes de faïence et les ornements fouillés miroitent et semblent s'embraser sous les rayons du soleil couchant. Sur les temples et sur les arches flamboie l'émail ocre, rouge et vert des dragons, des poissons fantastiques et des chimères griffues.

Le soleil descend par delà les Monts du Ciel, auréolé de pourpre. Ses derniers rayons, en gerbes de fusées brillantes, métallisent au loin le ciel gris-perle et nacré. Çà et là, sur le fond sanglant, des nuages diaphanes s'illuminent de toute la gamme éclatante des ors et des violets clairs, avec des trouées vert-pâle.

Les multiples teintes changeantes de topaze, de jade, d'émeraude et d'améthyste se baignent et se jouent dans le Yuenn Kiang, dont les eaux tumultueuses, scintillantes et argentées, les

LES GRANDS MATS OFFICIELS DU « YAMÊNN ».

les résidences des mandarins qui ont un sceau officiel. Elles sont caractérisées par deux grands mâts, qui portent, aux deux tiers de leur hauteur à partir du pied, un ornement en forme de corbeille.

renvoient se mêler aux tons chauds de l'air lumineux.

Et c'est la symphonie la plus merveilleuse des couleurs éclatantes et sombres, violentes et douces, s'entre-choquant et s'harmonisant, surnaturelles.

Peu à peu s'atténue le fracas des couleurs vives : les grisailles suaves, les bleus soyeux indéfinissables, les verts profonds et les lilas veloutés s'estompent et s'assombrissent par degré. Lentement se fait le crépuscule.

L'impression de calme est immense. Dans l'air tranquille monte tout droit la fumée de quelques feux. Des « shamou » (1) sacrés et des bambous plantés autour des tombes part la stridulation perçante des cigales, tandis que le croassement de millions de grenouilles, interrompu par instant, s'élève des rizières en gradins.

Le bruissement des rapides du fleuve se perçoit de plus en plus dans le silence relatif du soir.

Presque au sommet de la colline de la Tortue et orienté, suivant la règle immuable, face au Sud, s'élève le « yamênn » vétuste du préfet, au point de croisement des ruelles du « phénix dormant » et de « l'éternelle prospérité ».

Comme toutes les habitations officielles chi-

(1) « Shamou » *(Cunninghames sinensis)*, très beaux arbres. Ceux qui croissent près des temples sont épargnés par la hache et considérés comme sacrés.

noises la demeure du préfet est basse, sans étage, couverte d'une toiture pesante chargée d'ornements. Devant l'entrée principale, un « ing pei » (1) intercepte le passage des mauvais esprits et des influen-

(1) « Ing péi », bouclier ; c'est un pan de mur de 5 mètres de longueur sur 4 mètres de haut environ.

Comme les influences funestes « shâ tchi », ne se déplacent

es funestes. Sur cet écran de riques badigeonné de blanc, un dragon aux couleurs vives, la gueule ouverte, s'élance avec convoitise vers un disque rouge figurant la lune.

L'entrée est triple : une large et haute porte à deux vantaux, flanquée de deux passages plus bas et plus étroits. Sur ses panneaux sont peintes les images des généraux Tsinn Tsi pao et Wei Tchenn king,

qu'en ligne droite, elles sont arrêtées par le bouclier. Cette idée superstitieuse concernant les mauvais esprits explique le tracé en zigzag des chemins menant aux palais et aux maisons de thé ou de plaisance.

Ponts en zigzag à Hang Tchow

Pages 8 et 9, note (1)]

Pont en zigzag a Hang Tchow

(Pages 8 et 9, note 1.)

Pont en zigzag menant au grand pavillon de thé dans la Cité chinoise de Shanghaï.

(Pages 8 et 9, note 1.)

Entrée d'un yamênn.

qui vivaient sous la dynastie des Tang, ont été déifiés et sont considérés aujourd'hui comme les plus vigilants des gardiens.

Cette porte donne accès dans la cour principale, qu'une palissade entoure. A celle-ci sont adossées les chambres délabrées des serviteurs du yamênn : appariteurs, bourreaux, soldats, coureurs, porteurs d'insignes, parasites de toute espèce.

En arrière de deux lions de granit grimaçants, fantastiques et cabrés, s'ouvre, vers le Sud, dans l'axe du « yamênn », la salle de justice appelée « tâtang ». La « porte de la licorne » est béante devant moi. Sur ses battants centraux est peinte la « kilinn », animal fatidique de bon augure.

Je me suis fait précéder par un serviteur chargé

LES GÉNÉRAUX TSINN TSI PAO ET WEI TCHENN KING, DIEUX DES PORTES.

(Texte page 9.)

de remettre au préfet Wenn Tchao lann les cartes de visite « king pienn » et « tienn tze » (1).

Devant la « porte de la licorne », les quatre porteurs déposent sur le sol mon palanquin et l'inclinent vers l'avant pour m'en faciliter la sortie.

Le « Tche tchéou » s'est avancé à ma rencontre dans la salle de justice. Nous nous saluons par le « tso i » d'usage. Puis le Préfet me conduit dans le hall de réception, où nous échangeons de nouveau le

(1) La carte « king pienn » est une grande carte rouge portant, imprimés en noir, les caractères du nom.

Les cartes « tienn tze » se composent d'une bande de papier rouge de la hauteur d'une carte « king pienn » et de douze fois sa largeur. Cette bande est pliée onze fois et sur chacune des pages est écrite une formule de politesse : « Votre pauvre frère cadet », ou « Votre visiteur rustique », ou « Moi, lettré méprisable, j'incline la tête et salue humblement ».

Cette carte est présentée au feuillet prescrit par le code du cérémonial.

« tso i » (1) et les formules prescrites par l'étiquette. Avec ostentation, les domestiques ornent les tables et les chaises au moyen de la draperie

LE « TSO I ».

(1) « Tso i ». Parmi les salutations chinoises, figurent le « tso i » et le « kong chéow ». Le premier consiste à s'incliner profondément, puis à se redresser en portant les poings, cachés par les manchettes, à la hauteur des sourcils.

Dans la salutation « kong chéow », les poings, réunis sous les manchettes, sont élevés au niveau du front, mais le corps reste droit.

« i pi » (1) des grands jours. Les serviteurs se sont gardés de la placer avant le moment de mon entrée dans le hall, afin d'attirer mon attention sur la grande déférence qui m'est témoignée.

Mais Wenn Tchao Lann m'invite à m'asseoir à sa gauche sur le canapé « kang tchoang » de bois noir sculpté, dont les deux sièges et les panneaux sont de marbre. Après avoir protesté de mon indignité à occuper cette place d'honneur, je finis par

LE CANAPÉ « KANG TCHOANG »

(1) « I pi ». C'est une draperie rouge, qui se fixe aux tables, aux chaises et au « kang tchoang », lors de l'arrivée d'un visiteur de distinction.

Le « kang tchoang » est une sorte de grand canapé très large à deux places. Le maître du « yamênn » y fait asseoir son hôte. Le « kang choang » sert encore à une autre fin : on s'y couche pour fumer l'opium. Une petite table de marbre placée au centre du divan reçoit les accessoires du fumeur : la pipe, la lampe, l'aiguille et l'opium.

céder à ses pressantes prières. Dès lors, on apporte le thé. Se levant, Wenn prend à deux mains la tasse qui m'est destinée et la place devant moi. J'exprime aussitôt par le « kong cheow » la gratitude que m'inspire cette attention courtoise.

Pour me faire honneur, le Préfet a passé sur sa longue robe de soie (1) bleu pâle brodée de

(1) Cette robe de cérémonie s'appelle « mang pao ». La tunique est désignée sous le nom de « wai tao ». Elle est généralement bleue. Elle est ornée du « pou fou » ou plastron honorifique ; l'écusson de devant est divisé en deux par la fente de la tunique.

Le « tchao mao » est le plus léger des chapeaux chauds (tong tâ mao). Il se porte au printemps et en automne. En été, les mandarins se coiffent du « liang mao », qui est un segment de paille très fine, orné d'une frange de soie rouge. Elle part du sommet, où se trouve fixé également le globule ou « tchaoting » et la queue ou « ling tze ». Le globule est en rubis, en corail, en saphir, en lapis-lazuli, en cristal, en pierre de lune, en or uni, en or ciselé ou en argent, selon le grade du mandarin.

Les insignes du « pou fou » correspondants sont, pour les fonctionnaires civils : la grue, le faisan doré, le paon, l'oie sauvage, le faisan argenté, le héron, le canard mandarin, la caille ou le geai à longue queue, et, pour les mandarins militaires : la licorne, le lion, le léopard, le tigre, l'ours, le chat-tigre, l'ours tacheté, le phoque et le rhinocéros.

La boucle de ceinture se porte, selon le rang : en jade avec rubis, en or avec rubis, en or ciselé, en or ciselé avec bouton d'argent, en or uni avec bouton d'argent, en nacre, en argent, en corne translucide, en corne de buffle.

Les longs colliers, dits « tchao tchou », font partie des insignes mandarinaux.

Les bottes de cérémonie sont dites « fann téou hui » ; le haut de leur tige est à section carrée.

neuf dragons, une tunique de gala soyeuse et ample, à manches très larges, fendue par devant et descendant jusqu'aux genoux. Sur la poitrine et sur le dos brille le « pou fou » rectangulaire, passementé d'or, où se détache un paon argenté, rouge et vert, insigne du troisième degré. Wenn porte, autour du cou, deux longs colliers à grains et à disques de corail, d'ivoire, de jade et d'ambre translucide. Il a posé, sur son front rasé et sa tresse luisante, un « tchao mao » bleu foncé, à globule de saphir, franges de soie rouge et queue de plumes de paon. Des bottes de satin noir à hautes semelles blanches complètent ce costume.

Le mandarin Wenn est un homme éclairé, qui a beaucoup lu, voyagé et observé. Son désir très vif de rester impartial donne un grand poids à ses paroles. Peu de lettrés possèdent sa largeur de vues, sa sincérité et sa parfaite droiture.

Lors des divers séjours que j'ai faits à Tsenn Tchow, pendant l'année qui vient de s'écouler, mes rapports avec le Préfet ont été fréquents. Sa défiance native s'est graduellement dissipée, à la suite de quelques services désintéressés que j'ai été heureux de lui rendre.

Obligé de continuer, dès le lendemain, ma route vers Tchang Tê, Ning Xiang et Tchang Cha, je fais ce soir ma dernière visite au mandarin Wenn Tchao lann. Il me dit sa tristesse de me voir partir, et ses paroles affectueuses m'encouragent à lui poser une question que j'avais formulée à maintes reprises sans résultat. Faisant appel à l'amitié du Préfet, je le prie de me faire part en toute franchise de ses opinions sur les Occidentaux et leurs méthodes. Je justifie mon insistance par l'intérêt suprême des deux races supérieures, entre lesquelles ont surgi tant de malentendus, et par la nécessité de faire connaître en Europe les griefs véritables du peuple chinois; les esprits élevés et droits pourront ainsi s'appliquer à les faire disparaître.

Cette fois encore, le Préfet hésite, puis, se tournant vers moi avec la solennelle gravité qui caractérise son attitude et ses moindres gestes :

« La demande du très vénérable Ha tâ jenn (1) est délicate. N'était la confiance absolue que j'ai en lui et l'affection respectueuse que la noblesse de son caractère m'inspire, ma réponse

(1) Littéralement : « Ha », premier son du nom Harfeld »; « tâ », grand; « jenn », homme. « Tâ jenn » est le titre des fonctionnaires qui ont rang de « taotaï » (2e degré). Bien que ce titre soit usité surtout par les domestiques lorsqu'ils s'adressent à leurs maîtres, il s'emploie aussi comme marque de très haute déférence.

serait évasive et ne serait pas dictée par la sincérité. »

Wenn prend ensuite, après me l'avoir poliment offerte, la pipe à eau dite « shui ienn tè », qu'un serviteur lui présente. Posément, il fait flamber, en soufflant sur le point en ignition, une longue allumette de papier jaune qui fuse d'une manière fort lente. Puis, allumant le tabac très clair, haché menu, qui emplit le fourneau minuscule, il aspire une longue bouffée de fumée et rend la pipe au serviteur.

Pendant toutes ces opérations, Wenn réfléchit profondément. L'œil énigmatique est vif sous la paupière lourde, et derrière le front sans pli, rasé sur les tempes, l'intelligence tendue est au travail.

Les traits empreints d'une gravité exceptionnelle, le Préfet rompt enfin le silence :

« Mon opinion sur les Occidentaux et leurs méthodes ? » Qu'il est difficile d'être impartial sur un tel sujet ! Pourtant je vais tâcher de répondre à votre question, intégralement et selon la justice. Je m'efforcerai d'exposer sans amertume le bien-fondé de nos griefs contre vous.

Quelques-unes des erreurs que j'ai rencontrées dans vos livres seront par là même réfutées.

* * *

UNE VENGEANCE DE FRAUDEURS RUINÉS PAR LE « LIKINN »

DES SOLDATS CHARGÉS DE LA PERCEPTION DU « LIKINN »
TUENT UN « LOWDA » (PATRON DE JONQUE) :
il n'a pas voulu payer la somme arbitraire exigée par eux.

(Texte page 21, note)

Inconvénients
des " likinn ,,

Pagode a Tching Kiang
(sur le Fleuve Bleu).

Nos griefs! Si chacun d'eux était une pierre, nous pourrions élever une pagode haute comme les montagnes de l'Ouest. Ils concernent tous les étrangers qui vivent chez nous : marchands, industriels, représentants de syndicats, missionnaires, consuls, ministres. Notre mécontentement est provoqué par des causes multiples et complexes, dont je cite les principales : aggravation de misère pour certaines classes de nos artisans; diminution de revenus des mandarins de « likinn » (1); drainage de notre argent et abrutissement de notre race par l'opium; humiliations et abus résultant de l'exterritorialité; lourdes charges qu'imposent à notre Gouvernement les concessions aux étrangers; mépris de nos coutumes et de notre cérémonial; situation des convertis; procédés de certains de vos Gou-

(1) Douanes intérieures; traduction littérale : pourcentage; on dit aussi « li kuenn » ou « litou ».

Les « likinn » sont de création récente (1853); ils n'étaient, à l'origine, qu'une taxe militaire, levée pour couvrir les frais de guerre contre les Musulmans et contre les « Taï Ping ». Cet impôt s'est généralisé et les barrières d'octroi sont devenues très nombreuses. L'impôt perçu est fort variable. Lorsque le transit est long, le total des sommes payées

vernements; traitement de nos frères jaunes en Amérique, en Australie et ailleurs; langage de vos journaux et de vos livres.

***

La haine des gens auxquels on ôte le riz de la bouche s'explique d'elle-même.

dépasse rapidement 25 p. c. de la valeur des marchandises.
Légalement, les taxes perçues sont proportionnelles à la valeur de la marchandise. En fait, la seule règle est l'arbitraire du mandarin et des intermédiaires qu'il emploie. Les mandarins de « likinn » se réservent la grosse part des taxes perçues.

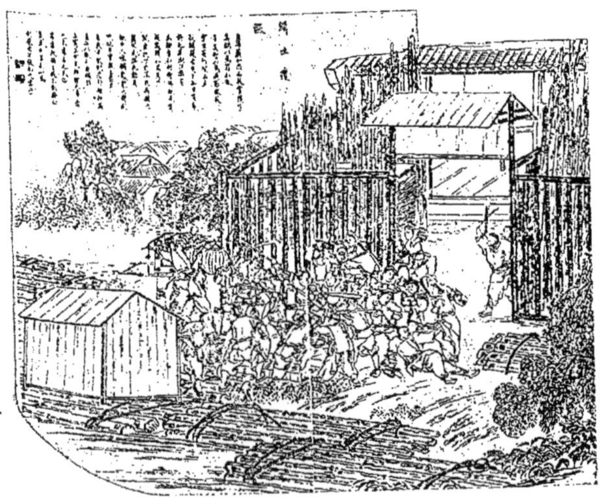

RIXE ENTRE L'ÉQUIPAGE D'UN RADEAU ET LES SOLDATS CHARGÉS DE LA PERCEPTION DU « LIKINN »

Avant l'introduction des filatures à vapeur, ceux qui gagnaient leur humble vie en filant et en tissant le coton étaient innombrables. Mais les manufactures occidentales, japonaises et shanghaïennes ont inondé nos districts cotonniers de fils et de tissus moins chers que les produits analogues fabriqués par les petits métiers. Aujourd'hui, les rouets ne tournent plus guère que dans le lointain intérieur et la plupart des métiers à tisser sont inactifs. Or, les artisans qui souffrent de ce progrès de la civilisation se rappellent un fait positif : avant que le commerce avec l'étranger fût venu bouleverser l'ancien ordre des choses, il y avait de quoi vivre et se vêtir, pendant les années normales, non désolées par la sécheresse ou les inondations. Ils en concluent que votre pénétration et vos innovations ont compromis leur gagne-pain et amené cette recrudescence de misère.

Croyez-vous que les maîtres des jonques et leurs équipages n'aient pas souffert de la concurrence de vos steamers sur le Yangtsé, le Whangpoo, la rivière des Perles? Rappelez-vous que le premier coup contre le « Louhan » (1) en 1900, fut porté par

(1) « Louhan », appellation conventionnelle pour désigner le chemin de fer de Loukouchiou à Hankow. Après l'entrée des alliés à Pékin, en 1900, la voie fut prolongée de Loukouchiou jusque dans la cité chinoise de Pékin. La ligne est appelée aujourd'hui « Péhan ou « Kinhan ». Elle a

les habitants de la ville de Teung Tchow. Pourquoi ? Parce que le transport du tribut du riz par le Grand Canal et le Péi Ho les faisait vivre : les jonques étaient déchargées à Teung Tchow et leur cargaison transportée à Pékin. Mais, parmi les réformes proposées par Kang You weï (1),

1,215 kilomètres environ et fut construite par un personnel franco-belge, sous la direction d'un ingénieur belge. L'inauguration a eu lieu en novembre 1905. Le point saillant du

LE PONT DE 3.010 MÈTRES SUR LE FLEUVE JAUNE.

tracé est le pont sur le fleuve Jaune. Il a 3,010 mètres entre les axes des culées extrêmes et comprend cent et six travées. Il est construit sur pieux à vis.

(1) Kang You wei, conseiller de l'empereur Kouang Su, et auteur des édits réformateurs si remarquables promulgués par celui-ci. Ces essais de réformes mécontentèrent vivement l'impératrice Gseu Hi et les dignitaires chinois, parmi lesquels Young Lou, Li Ping heng, Gsu Toung, Kang I. L'empereur, irrité de ce que le grand secrétaire Young Lou ne faisait pas exécuter les édits, ordonna à Wann Shi kaï de le faire mettre à mort. Young Lou, averti

FONÇAGE DES PIEUX (CHANTIER NORD).

UNE PILE A SIX PIEUX DU PONT SUR LE FLEUVE JAUNE.

(Texte page 22, note 1)

Construction du pont sur le Fleuve Jaune.

pendant la courte période qui fut marquée par tant d'édits progressistes, figurait le transport par chemin de fer du tribut du riz, pour empêcher les vols énormes commis en route. C'était la ruine de la ville de Teung Tchow. Aussi, dès les premiers troubles, ses habitants se ruèrent-ils sur la station importante de Feng Taï, voisine de Teung Tchow. Ils détruisirent les locomotives et arrachèrent les rails.

Le fait n'a rien d'étonnant : la crise est terrible pour les petites gens, parce que la transition est trop brutale.

Certes, il y a un autre côté de la question et, cette période critique passée, toutes les classes profiteront de l'innovation. Aujourd'hui un grand pas a été fait. Personne ne condamne plus un chemin de fer construit avec toute l'économie possible, parfaitement dirigé, source de bien-être pour le Gouvernement, pour de nombreux employés chinois et pour les territoires traversés. La Cour a marqué sa satisfaction aux ingénieurs belges et français qui ont construit le Luhan avec tant de

par Wann Shi kaï, alla se jeter au pied de l'impératrice. Il en résulta le coup d'État du 22 septembre 1898. L'empereur fut réduit à un rôle secondaire. Les réformateurs furent suppliciés. Kang You weï parvint pourtant à s'enfuir Aujourd'hui le pouvoir est entre les mains de l'impératrice et de Wann Shi kaï, vice-roi du Pé Tchi li.

rapidité et d'économie. Les chemins de fer et la presse — je parle des bons journaux — modérés et respectables (1) feront beaucoup pour le progrès.

D'ailleurs, en ce qui concerne les voies ferrées, depuis longtemps des hommes éclairés, tels que Liou Ming tchouenn et Tchang Cheu toung (2),

(1) Il existe aujourd'hui en Chine deux cents journaux quotidiens, hebdomadaires ou mensuels ; ils ont 0m30 de large sur 1 mètre de long ; ils sont imprimés d'un seul côté sur papier mince et pliés en accordéon.

Certains de ces journaux sont des pamphlets qui font le plus grand mal.

Heureusement, il y a aussi d'excellents journaux. Ce sont ceux dont parle Wenn Tchao lann.

Presque toute la presse est entre les mains des Japonais.

(2) Liou Ming tchouenn, ancien gouverneur de Formose, second tuteur du prince héritier. En 1877, quand Shenn Pao chenn, vice-roi de Nankin, fit détruire le railway Shanghai-Woosung, le matériel de la voie fut transporté à Formose. Le Gouverneur Liou Ming tchouenn réunit 500 000 taëls pour commencer la construction d'un tronçon de chemin de fer dans l'île. Mais la Cour lui intima l'ordre de verser cette somme au fonds de secours destiné à la grande famine du Nord.

Tchang Cheu toung, actuellement vice-roi des deux Hou (Hou Nann et Hou Péh, capitale Woutchang). Il a fondé des aciéries à Hanyang, des filatures de coton et de ramie à Woutchang. Il a fait construire un chemin de fer reliant les mines de Tayèh à Wann Shi kan, sur le Yangtse. Il a établi à Woutchang une école militaire, dirigée par des Allemands jusqu'en 1905, puis par des Japonais. Il a écrit diverses brochures : « Exhortations à l'étude, » « Le seul espoir de la Chine, » etc.

réduisirent à néant toutes les critiques des censeurs (1).

Ceux-ci étaient, d'ailleurs, excusables : les premiers chemins de fer n'ont-ils pas rencontré, en

(1) Voici des extraits de mémoires présentés à l'Empereur par Liou Ming tchouenn et Tchang Cheu toung :

Extrait d'un mémoire de Liou Ming Tchouenn :

« Les censeurs disent que, depuis l'origine du monde, nos ancêtres n'ont jamais construit de voies ferrées. C'est vrai, mais les choses humaines, soumises à la direction du Ciel, changent continuellement.

» Parmi les avantages des voies ferrées, il faut citer le développement du commerce des régions traversées, le mouvement incessant de charrettes entre les stations et les villes non desservies par le railway, le grand nombre de places bien rémunérées offertes à nos nationaux. »

Voici, d'autre part, ce qu'écrivait Tchang Cheu toung, alors vice-roi des deux Kouang (Kouang Toung et Kouang Si, capitale Canton) :

« Depuis près d'un siècle, les Occidentaux utilisent les chemins de fer; à mon avis, c'est un excellent moyen pour accroître les richesses et la puissance d'une nation.

» Les frais de premier établissement sont considérables, mais ils sont compensés par les grands avantages que l'État et les particuliers retirent de l'exploitation des chemins de fer.

» En échange de l'opium et des marchandises occidentales, d'énormes paiements sont effectués par notre pays. Comme nous ne pouvons fermer nos ports aux étrangers, à leur opium et à leurs marchandises, la ruine nous menace si nous n'exportons pas les produits de notre agriculture, de nos mines et de nos industries.

» Le censeur Yu Lienn yuenn présente les objections suivantes : « Les voies ferrées seront utilisées par un » envahisseur; d'innombrables Occidentaux vont arriver

Europe, une sérieuse opposition, même parmi les gens instruits?

— Très vénérable frère aîné, répliquai-je, je reconnais que, lors de la discussion parlementaire relative aux premières voies ferrées, les arguments exposés par un homme d'Etat, grand de cœur et

» en Chine attirés par l'appât du gain; la moralité de notre » peuple, nos croyances et nos usages seront en danger. »

« Mais ces craintes ne sont pas fondées.

» Un des grands avantages des voies ferrées est le transport rapide des troupes, des munitions et des vivres. Les vieux régiments du Hou-Kouang (vice-royauté des provinces de Hou Nann et de Hou Péh, capitale Woutchang) et les troupes d'élite du Kiang Nann (vice-royauté des provinces de Kiang Sou et Ngan Whé, capitale Nankin), pourront être transportées rapidement sous les murs de Pékin, pour défendre la capitale en cas de danger.

» Dès lors, les rébellions et le brigandage seront vite reprimés.

» D'autre part, les voies ferrées permettront de transporter, dans le massif de Taihang (au nord du Shan Si et du Tchi Li) des machines pour l'extraction de la houille, du fer et pour la fusion des minerais suivant les procédés européens.

» Dès lors, la Chine ne donnera plus son argent aux étrangers en échange de leur fer.

» Les rails seront de fabrication chinoise. Les ouvriers seront chinois. Le salaire des directeurs européens sera faible.

» Le transport du tribut du riz sera assuré, même en temps de guerre. Si une flotte ennemie était maitresse de la mer, les dix millions de boisseaux que les vaisseaux du Midi transportent annuellement à la capitale parviendraient à Pékin, par chemin de fer, en un temps très court et en toute sécurité. »

d'esprit, M. Thiers, n'étaient pas favorables à celles-ci. D'autre part, les rapports de l'Institut de France sur les projets de Fulton étaient sévères pour ce grand inventeur.

— L'histoire, conclut le mandarin, sera donc indulgente pour nos censeurs. Quoi qu'il en soit, nos idées ont évolué très vite : nos gens du peuple même se rendent compte aujourd'hui des avantages des voies ferrées. Certes, il est arrivé que des remblais ont compromis l'irrigation de certains districts et que le peu de hauteur de certains ponts a empêché le passage des jonques sous leurs arches, aux très hautes eaux. Mais je reconnais que ces inconvénients sont exceptionnels et facilement évitables.

Votre frère tout petit et sans lettres demandera encore à la sincérité et au savoir de son hôte vénéré, si des préventions semblables aux nôtres ne se sont pas manifestées en Europe, parmi les classes laborieuses.

— Très sage et très vieux mandarin, répondis-je, il est exact que certaines analogies constituent une excuse à l'irritation de vos artisans. Telles sont la destruction du bateau à aubes de Papin par les mariniers de Munden-sur-Wéser, la fureur des ouvriers du Lancashire contre les machines fileuses de Hargreaves et d'Arkwright et celle des tisserands lyonnais contre Vaucanson et Jacquart.

— La noble franchise de mon frère aîné fait honneur à la hauteur de son caractère. Certains Occidentaux veulent paraître toujours justifiés, et l'abîme entre eux et nous se creuse davantage.

En résumé, — et c'est le seul point que je veux souligner — il est compréhensible que des classes entières de nos populations se croient lésées, soient profondément mécontentes et qu'elles se montrent anxieuses de voir supprimer la cause à laquelle elles attribuent les maux dont elles souffrent.

***

L'impossibilité de faire concurrence aux fils et aux tissus importés s'aggrave encore parce qu'ils sont exemptés de likinn en transit. Le traité Mackay soustrait à ces douanes intérieures, si nuisibles au commerce, les marchandises européennes, en taxant celles-ci d'un droit d'importation de 12,5 p. c. *ad valorem*. Par ce privilège, nos mandarins sont lésés à leur tour, frappés dans leur revenu annuel.

***

Une cause bien plus active encore d'appauvrissement pour notre pays, votre commerce de l'opium, constitue le plus accentué de nos griefs. Certes, il ne fut pas introduit par vos marchands, mais, il y a deux siècles, son usage était si peu répandu que les missionnaires catholiques n'en parlaient pas. Vous avez fait progresser sa vente d'une façon énorme, et vous avez obtenu en 1842 sa légalisation. C'est là une triste page de notre histoire. Au mépris des lois de 1820, qui prohibaient l'importation de cette drogue empoisonnée, vos marchands en firent une contrebande active. Après maintes sommations, le Gouverneur Linn fit saisir, en 1837, à Canton, 20,300 caisses d'opium indien, à bord des navires qui avaient refusé de prendre le large. Elles furent jetées dans des tranchées et recouvertes de chaux vive. Il en résulta une perte de 50 millions pour les marchands anglais. D'où la guerre. Le traité de Nankin (1842) ouvrit à l'opium les frontières de notre pays.

Les effets de ce commerce? Voici l'appréciation de S. Exc. Tchang Cheu toung, un de nos hommes d'Etat des plus respectés et les plus influents :

« Il y a près de cent ans, le fléau se déchaîna sur nous, plus destructeur dans ses effets que les grandes inondations du Whang Ho et les ravages des fauves, car les eaux se retirèrent et les ravages des mangeurs d'hommes se confinèrent à quelques districts. L'usage de la drogue délétère s'est répandu entre les quatre mers avec une terrible rapidité. Le poison ruine le cerveau, affaiblit la volonté, sape la force du corps, rend le misérable fumeur incapable de remplir ses devoirs réguliers,

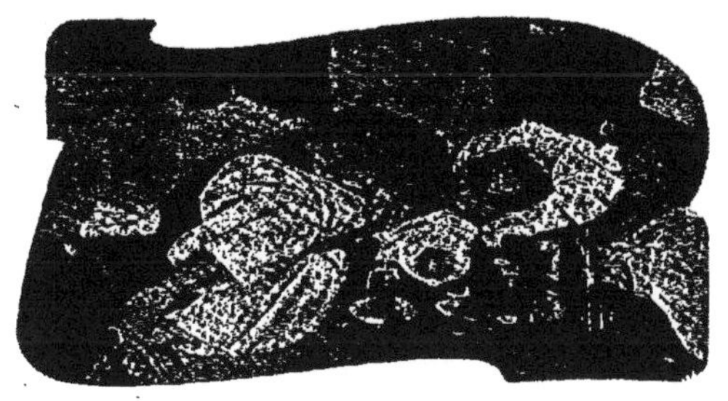

Un fumeur d'opium.

et le réduit à la misère, à la stérilité, à la sénilité ».

Ainsi s'exprime Tchang Cheu toung dans « Le seul espoir de la Chine, » au chapitre intitulé : « Jetez dehors le poison. »

Vous savez que ce tableau n'est pas trop chargé. Les médecins résument ainsi l'influence désastreuse du poison : stupeur, affaiblissement des facultés mentales, émaciation, lividité, tels sont ses premiers effets. Puis survient chez le fumeur invétéré, dès que l'influence de la drogue a cessé, le vertige, la prostration, l'altération des facultés visuelles, une langueur insupportable, une angoisse indicible à l'estomac, une douleur brûlante à la gorge.

Dès lors, pour se procurer la dose d'opium qui mettra fin à ses souffrances, le fumeur vendra jusqu'à sa femme et ses enfants. La déchéance complète et la ruine des organes essentiels arrive

Effets délétères de l'opium : Mort d'un enfant qu'une opiomane avait emmené avec elle dans une fumerie.

plus rapidement chez le pauvre parce qu'il réduit sa ration de riz pour acheter « le tabac cher ».

Supposez que des lois prohibitives empêchent l'entrée en votre pays d'une drogue malfaisante, mais que néanmoins des commerçants chinois

INTÉRIEUR DE FUMERIE D'OPIUM.

introduisent chez vous ce poison qui contamine vos enfants et ruine votre famille. Pourriez-vous ne pas haïr ces marchands et les Gouvernements qui, épousant leur cause, exigent la disparition des barrières élevées par nous contre l'importation de l'opium ?

Cette haine rejaillit sur vos missionnaires. Je

reconnais cependant qu'ils font tout ce qu'ils peuvent pour enrayer le mal, soit par leur propagande, soit par leurs soins médicaux.

Mais, quels que soient leurs efforts, notre grief subsiste, car l'opium continue à abrutir notre race et à drainer notre argent.

— Vénérable vieillard Wenn, énonçai-je, ne dit-on pas que la culture des « ying su » (1) a enrichi nombre de hauts dignitaires? Des édits terribles (2) étaient lancés contre les fumeurs et les planteurs d'opium. « Si l'opium est cultivé en certains endroits, écrivait le puissant vice-roi Li Houng tchang à Turner, secrétaire de la

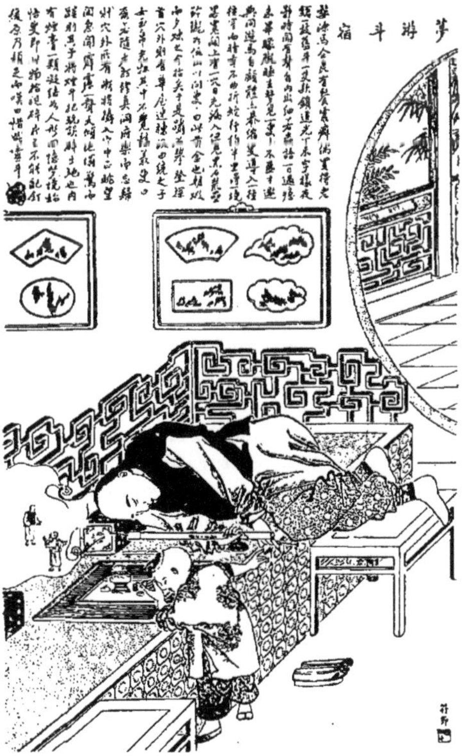

(1) Pavots à opium.

(2) Le dernier édit date du 7 avril 1908. Une commission formée par le Prince Koung et quatre hauts dignitaires, doit faire rapport sur les résultats de la loi de 1906, sur le nombre des fumeurs et sur l'opportunité de la création de refuges où les opiomanes seraient traités. Le texte légal condamne, une fois de plus,

RÊVE DE FUMEUR D'OPIUM.

société pour la suppression de l'opium, c'est subrepticement et au risque des châtiments les plus sévères de la loi. » Mais au moment où cette lettre était écrite, les plus grands propriétaires de champs de pavots étaient Li Houng tchang et les membres de sa famille. Cette culture cachée,

l'usage de l'opium et ordonne la fermeture des tabagies.

Ces prescriptions seront-elles observée? Il est permis de se montrer sceptique. Celui qui a vécu en Chine sait que toutes les réformes radicales y restent sur le papier. Il arrive que des décrets soient suivis d'un commencement d'exécution, mais bientôt les choses reprennent leur cours ordinaire jusqu'à l'édit suivant.

En effet, comme les fonctionnaires ne reçoivent qu'un traitement dérisoire, ils sont achetables à merci. Dès lors, du haut en bas de l'échelle sociale, tout le monde est d'accord pour tourner la loi. Périodiquement, des mandarins annoncent qu'ils ont supprimé la vente et l'usage de l'opium dans leur district. Mais leur rapport est faux. En réalité, il existe en 1908 plus de comptoirs d'opium qu'avant la promulgation de l'édit de 1906.

Le Gouvernement chinois manque d'un programme défini en ce qui concerne l'importation et la culture de l'opium. Des négociations ont été entamées à maintes reprises avec le Gouvernement des Indes. Celui-ci vient de consentir à un essai. De 1908 à 1919, la quantité d'opium indien importée sera diminuée chaque année de 5,100 caisses. Mais il faut qu'en même temps, la culture du pavot soit supprimée dans les dix-huit provinces. Or, jusqu'ici, malgré des édits sévères, elle est plus développée que jamais : nulle part l'écart n'est plus grand qu'en Chine entre un décret et son application.

« subreptice », couvre aujourd'hui les meilleures terres de provinces entières (1).

— C'est vrai, répondit Wenn Tchao lann après quelques instants de silence, mais je puis répondre à mon frère aîné ce que disait le prince Koung : « Cette culture illégale a pour but de tuer l'importation de l'opium; après quoi seront détruites toutes les plantations. » Si les responsabilités sont partagées, les plus lourdes sont de votre côté.

Bien que le suc des pavots chinois remplace de plus en plus l'opium importé, l'usage du poison est indissolublement lié chez nous à l'idée de l'étranger. Nous l'appelons « yang yow » (terre étrangère), ou « yang tou » (ordure étrangère), et ne pouvons oublier que l'âpre cupidité des négociants occidentaux a rendu général chez nous cet effroyable besoin. Comprenez-vous, dès lors, que nous n'aimions pas vos marchands ?

(1) Ces contradictions et ce double jeu sont un trait caractéristique des mœurs chinoises. Les édits impériaux contre la culture et l'usage de l'opium sont rendus publics et commentés par des proclamations que des lettrés et des mandarins, fumeurs invétérés, rédigent et signent. Ce sont de belles proclamations : « Défense de fumer l'opium sous peine d'avoir la lèvre supérieure coupée. Défense sous peine de mort de cultiver le pavot, de vendre le poison, de tenir une tabagie. » Les édits sont affichés à la porte des « yamênn », près des champs de papaver, par ordre des mandarins propriétaires de ceux-ci. L'honnête vice-roi Li, mort milliardaire, employait à cette culture les soldats de son Gouvernement.

Le préfet s'arrêta un instant et reprit :

Nous éprouvons la même défiance hostile pour vos représentants de syndicats. Nous voyons en la plupart d'entre eux des agents politiques : il fallait être aveugle pour ne pas remarquer la hâte des nations occidentales à nous consentir des prêts garantis par les mines à exploiter et les chemins de fer à tracer.

Très noble vieillard Ha, vous me disiez dans un entretien précédent qu'il peut et doit résulter de ces contrats de concession des avantages communs aux deux parties. Vous ajoutiez qu'un pays immense et riche n'a pas le droit d'isoler ses marchés du reste du monde et d'empêcher la mise en valeur de ses richesses inexploitées.

Mais l'immense majorité de mes compatriotes ne pense pas, ne veut pas penser ainsi. Voici la conviction absolue de nos progressistes : « Il se passera longtemps avant que notre pays se libère de ses dettes menaçantes. Le paiement de leurs intérêts et le chiffre toujours grandissant des importations entraîne l'exportation de l'argent, et celle-ci anémie le pays. Si les railways doivent être construits et les mines exploitées, que ce soit par nous, avec nos capitaux. » C'est la doctrine du progrès de la Chine par les Chinois (1).

(1) Cette formule du progrès de la Chine par les Chinois est frappée de stérilité dans ses applications.

La grande cause d'échec des entreprises dirigées à la

Aussi est-ce à contre-cœur et sous la pression de la force que furent accordées la presque totalité des concessions existantes.

Aujourd'hui, nous voulons restreindre tous ces privilèges, tous ces monopoles. Nous voulons

chinoise n'est pas la difficulté de réunir des capitaux, ni l'insuffisance technique des fonctionnaires et des employés, mais bien leur manque de droiture.

Les traitements des officiels sont encore calculés sur l'échelle absurde des salaires en vigueur il y a des siècles. Il en résulte que les fonctionnaires pressurent leurs administrés, volent le Gouvernement et tirent tout le parti possible des occasions de s'enrichir qui se présentent à eux.

Ainsi, un dixième à peine des impôts perçus rentrent dans les causes de l'État.

Le fonctionnement des services relatifs à l'entretien des digues du Fleuve Jaune est un autre exemple caractéristique de péculat. Tous les ans, de fortes sommes sont allouées pour l'entretien de ces digues, mais la majeure partie de ces crédits se perd en coulage. Avec le reste et l'aide du dragon, on essaie de détourner le péril. Or, en moins de cent ans, la rivière a changé quatre fois d'embouchure, et elle a noyé, dans ces trois derniers siècles, plus de dix millions de personnes. Avant l'automne de 1858, elle se jetait dans la Mer Jaune par 34 degrés de latitude. Depuis lors, elle se jette dans le golfe de Petchili, par 38 degrés.

Citons quelques chiffres se rapportant à l'entretien de ces digues :

La reconstruction d'un remblai de 1,500 mètres de long, de 60 mètres de large et de 8 mètres de haut, en pieux, tiges de sorgho et terrassements coûta, il y a vingt-deux ans, 14,000,000 de taëls !

Le Taotaï du Fleuve Jaune, Koung Ping yi, envoyait, il y a cinq ans, des états de frais annuels s'élevant à 600 mille taëls. Or, les tiges de sorgho, les pierres, les bois, les

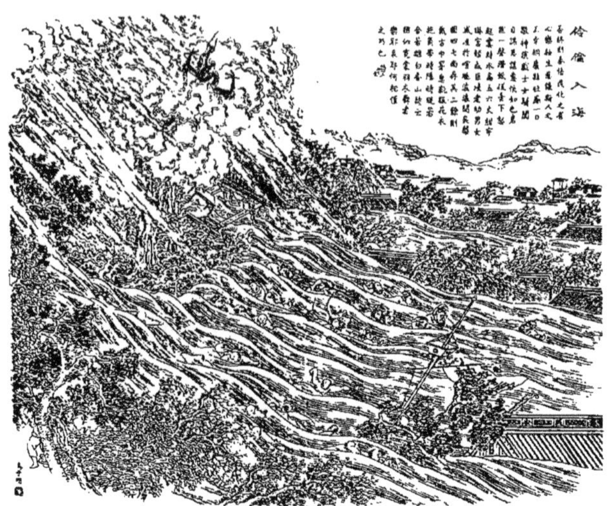

Inondations du Fleuve Jaune
Le dragon qui les a causées.

Famine désastreuse qui suivent les inondations
du Fleuve Jaune

acquérir cette force armée qui est le seul argument valable. Nous avons suivi les conseils qui nous ont été donnés. Nous disposions, au commencement de 1905, de neuf divisions de douze mille cinq cents hommes, dressés à l'européenne (1).

cordes, les ouvriers, les barques coûtaient ensemble moins de cent mille taëls; le personnel et le bureau technique absorbaient moins de 100,000 taëls; avec de grands efforts, on arrive à 280,000 taëls comme total des dépenses. Le chiffre des bénéfices illicites s'élevait donc à plus de 300,000 taëls.

Voici encore un exemple entre mille :

Jusqu'en 1904, les hauts fourneaux et aciéries d'Hanyang étaient dirigés par Sheng Ngo pann, neveu de Son Excellence Sheng Koung pao. Son traitement mensuel était de 200 taëls (le taël valait fr. 3.40 environ en 1905).

Chaque année, l'usine était en déficit de 50 mille taëls. Mais le directeur s'enrichissait rapidement. Le puissant Sheng Koung pao fermait les yeux. Il admettait même que Sheng Ngo pann lui prêtât, à gros intérêts, les sommes dont les usines étaient en déficit. En effet, le devoir absolu des mandarins qui ont fait fortune, est d'aider largement leurs parents à tous les degrés.

Ces mœurs administratives sont l'obstacle le plus sérieux au « progrès de la Chine par les Chinois ».

A ce manque de droiture des fonctionnaires du Céleste Empire, il y a lieu d'opposer la bonne foi des banques importantes et des grands négociants chinois

(1) Six divisions dans le Petchili, deux à Wou tchang, une à Nankin. Ces divisions ne sont pas dotées des services de l'arrière : (équipages d'approvisionnement, colonnes de munitions, etc). Un colonel japonais, au service de la Chine, me disait avoir proposé à Wann Chi kaï de créer ces rouages. Les instructeurs japonais, lui répondit le vice-roi, ont à dresser les troupes en vue de la tactique

Pendant l'automne de 1905, les manœuvres de Ho Tchienn fou, où 50,000 hommes furent engagés, montrèrent les progrès réalisés.

Nous nous sommes ressaisis, et le Waï Wou pou est devenu intraitable sous le rapport des concessions.

Au Sze Tchouenn, au Chan Si, au Fo Kienn, au Kwang Toung, des meetings en masse ont déclaré que nul ne construirait de voie ferrée dans ces provinces, sinon leurs habitants mêmes.

— Il est évident, fis-je remarquer, que le mouvement de « La Chine aux Chinois » a commencé réellement. Toutefois, je dois à l'affection respectueuse que je porte à mon très vénérable frère aîné de lui faire une simple remarque avec humilité.

Pour que l'exclusion de capitaux étrangers entre dans une phase pratique, il faut qu'une réforme financière mette en circulation la quantité énorme de numéraire dont vous auriez besoin.

Vous venez de rappeler fort bien que les Cantonnais ont voulu appliquer au Kwang Toung une sorte de doctrine de Monroë. Mais sur les vingt-cinq millions de francs souscrits par eux pour le chemin de fer Canton-Tchangcha, trois millions sept cent cinquante mille francs seulement furent

et du tir, et ne doivent pas s'inquiéter d'autre chose.

Wann Chi kaï a besoin de cette force armée pour maintenir sa propre puissance, et les services de l'arrière lui sont inutiles.

versés. Or, il faudrait 62 millions pour construire le tronçon de ligne compris dans le Kwang Toung. On peut se demander d'où viendra l'argent.

D'autre part, mon noble ami lord Li, héritier de la puissante fortune du grand Li Houng tchang, souscrivit cinquante mille francs pour la ligne Wouhou-Nanking, dont il avait obtenu la concession. Ce fut tout ce qu'on recueillit.

Dès lors, vénérable grand mandarin, il est permis d'être sceptique à l'égard du développement du réseau chinois sans l'aide des capitaux étrangers.

Jusqu'ici, six mille cinq cents kilomètres de voies ont été construits, en y comprenant les lignes de Mandchourie. Quatre mille huit cents kilomètres sont à l'état de projet. Or, si nous prenons comme base le développement du réseau ferré dans l'Inde, il faudrait à la Chine cinquante-six mille kilomètres de voies. Mais si l'on tient compte des capacités commerciales extraordinaires de votre peuple, il en faudrait cent douze mille. Les frais de construction s'élèveraient à douze milliards et demi. Encore une fois, d'où viendra l'argent ?

Ce ne sont pas non plus les usines d'Hanyang qui suffiront à fournir les rails nécessaires à ces cent douze mille kilomètres de voies.

C'est pourquoi, grande Lumière, même si la réforme financière s'accomplissait, l'aide des capitaux européens est nécessaire au développement intégral et rapide de cet Empire, à qui l'avenir réserve un rôle grandiose dans l'histoire future de l'humanité.

— Peut-être avez-vous raison, très noble vieillard Ha, répondit Wenn. L'expérience commencée par nous montrera peut-être que nous avons tort ; mais nous la poursuivrons jusqu'au bout...

* * *

Examinons maintenant, reprit-il après quelques instants de silence, la question des missions. Délicate et complexe, elle présente des aspects multiples. Elle a donné lieu aux appréciations les plus diverses et les plus injustes.

Vos missionnaires ont enseigné une morale élevée, cherché à faire le bien, ouvert des hôpitaux et donné des remèdes pour le soulagement des malades. J'ai vu moi-même la foule des malheureux soignés par vos Sœurs de charité, soit au dispensaire du Nanntang à Pékin, soit dans l'annexe de l'hôpital général de

MISSIONNAIRE VACCINANT DES ENFANTS CHINOIS.

Soochow Creek (North Szé Tchouenn road, à Shanghaï). Là, et partout où ces femmes au dévouement sans limite se sont établies, un monde de misères physiques et morales ont été soulagées. Ceux d'entre nous qui sont instruits n'ignorent pas les grandes choses accomplies par vos premiers missionnaires, il y a quatre siècles. Je me rends parfaitement compte de tout le bien que les autres ont réalisé depuis. Mais avouez qu'il est irritant de les entendre affirmer que nous nous sommes trompés jusqu'ici et de voir leur enseignement mettre la hache à la base de notre civilisation, en attaquant le culte des ancêtres.

Le culte des ancêtres constitue la seule croyance commune à tous les Chinois non chrétiens entre les quatre mers, la synthèse de l'enseignement de nos sages, la pierre angulaire de notre édifice politique et social. De cette manifestation religieuse de la piété filiale tirent leur origine nos sacrifices aux tombes en l'honneur de l'âme primaire, nos prières aux tablettes contenant l'âme tertiaire, notre respect des « fengshui » (1) et tant d'autres traits caractéristiques qui ont frappé

(1) Littéralement « vent eau », c'est-à-dire les bons génies des vents et des eaux, le sort heureux. Cette désignation s'applique à un système compliqué de superstitions topographiques, religieusement respectées en Chine.

Cette science étudie les moyens de donner l'abondance

les voyageurs. C'est le culte des ancêtres qui rend impérieuse la nécessité d'une descendance mâle et entraîne la polygamie comme corollaire obligé.

L'exagération de l'autorité du père de famille, qui a droit de vie ou de mort sur ses enfants s'ils ont manqué de piété filiale, trouve sa source en cette

aux habitants d'un district et de les préserver des fléaux. Elle se base sur la forme, la pente et la couleur du sol, la direction et la course des rivières, la position des bouquets d'arbres, l'orientation et la hauteur des constructions, les permutations des cinq éléments, etc.

D'après ces données, les docteurs ès « fengshui » peuvent prédire avec certitude les intentions des génies ou du destin, et déterminer aussi les heures heureuses ou néfastes. Chaque point particulier de l'empire a ses forces mystérieuses qui décident du sort funeste ou heureux des individus et de leurs descendants. Elles sont affectées (rarement en bien) par tout changement apporté au contour du sol, par toute construction ou plantation nouvelle. La loi chinoise prévoit le paiement de dommages-intérêts pour un « fengshui » abîmé. Si les « fengshui » ne sont pas respectés dans l'emplacement des tombes, la colère des ancêtres frappe les descendants.

Seuls ne croient plus aux « fengshui », les Chinois dont les familles sont chrétiennes depuis plusieurs générations. Si les fils de Han étaient moins flegmatiques, cette superstition compliquée, qui intervient dans tous les détails de leur vie, les aurait depuis longtemps rendus fous.

TOMBEAU

INFANTICIDE PUBLIC

conception rituelle. C'est elle qui a rangé l'infanticide parmi les actes méritoires si la misère est profonde (1) ou si la descendance mâle fait défaut (2).

(1) Voici un trait de piété filiale tiré des classiques chinois :

Pendant une terrible famine, sous les Han, un homme du Ngann Whé, nommé Ko-Yenn, décide de réserver à sa mère le peu d'aliments qu'il avait pu réunir et prend la résolution de tuer son enfant unique. Les dieux lui font trouver dans la fosse qu'il creuse un vase précieux portant les caractères suivants : « Le Ciel donne ce trésor à Ko-Yenn, le bon fils. Les officiels ne saisiront pas ces richesses. »

Voilà l'infanticide mis au rang des plus hautes vertus.

(2) On peut espérer que le sacrifice d'une fille amènera l'âme à se représenter sous les dehors d'un garçon.

Mais parfois un mauvais génie s'acharne par vengeance à reparaître sous les traits d'une fille, afin de mettre fin au culte des ancêtres.

L'infanticide s'impose alors. Il faut enterrer vive la petite fille pour conjurer le sort menaçant.

Pour la même raison, si plusieurs garçons sont morts successivement, on coupe la main du dernier d'entre eux, car tous ces fils étaient les réincarnations d'un même « Kouei » (diable) vengeur.

Dès lors s'explique d'elle-même la haine du clan contre les chrétiens, qui refusent de sacrifier aux tombes.

Le culte des ancêtres a pénétré intimement tous les actes importants de notre vie. Il a façonné nos cerveaux, nos coutumes et nos mœurs. Vos premiers missionnaires, il y a trois siècles, s'en étaient rendus compte. Ils avaient atténué l'intransigeance de leur enseignement et leurs progrès s'annonçaient brillants (1).

Mais, dès que le culte des ancêtres fut attaqué en face, le résultat de la propagande chrétienne devint dérisoire au prix des efforts de vos prêtres.

***

Ce n'est pas tout. Une effroyable épreuve soufferte par notre pays dans les temps modernes, la terrible rébellion des « Taïping », ruina nos villes les plus riches et fit périr vingt millions de personnes. Qui lui donna son impulsion première? Un

(1) Mathieu Ricci (arrivé à Pékin en 1601, mort en 1610), von Schall (nommé vice-président du tribunal de mathématiques en 1645), Ferdinand Verbiest (nommé vice-président de ce même tribunal en 1669 par l'illustre empereur Kang Hi), et les premiers missionnaires jésuites espéraient transformer, sous l'influence des idées chrétiennes, le culte des ancêtres en une cérémonie purement civile. On sait la haute considération que les empereurs Shun Tchi et Kang Hi témoignaient à ces missionnaires.

certain Houang Ghsinn tchouann, qui avait lu les livres chrétiens et reçu l'enseignement d'une des sectes que vous appelez protestantes. Les sermons enflammés de cet hystérique puissant par la parole provoquèrent la révolution la plus effroyable dont l'histoire fasse mention.

— Que le noble mandarin me permette une humble remarque, fis-je observer. Houang et les chefs de la « Shang ti hui » (1) firent de la doctrine évangélique une parodie insensée. Leurs excès atroces ne peuvent être imputés au Christianisme, pas plus que les violences de Jean de Leyde et des anabaptistes de Munster.

— C'est très vrai, vénérable frère aîné, répondit Wenn, mais depuis cette révolte colossale des « Taïping », qui bouleversa notre pays pendant quatorze ans, notre défiance à l'égard de la propagande évangélique se conçoit sans difficulté.

Mais laissons de côté cette prévention injuste contre le Christianisme et cherchons à expliquer notre haine contre les convertis.

(1) « Shang ti hui », société du Maître suprême. Elle se fusionna avec la grande secte antidynastique « Sann ho hui » ou des Triades. Les révoltés prirent le nom de « Taï ping » (grande paix) parce qu'ils voulaient établir la paix universelle sur la terre. Il en résulta une terrible guerre. qui dura de 184j à 1864.

La majorité de mes compatriotes croient que les fléaux sont dus à l'irritation des dieux et des génies. L'exemple part de haut.

Pendant la peste de Meng Tzu (en 1896), le taotaï réunit chaque soir, devant le « yamênn »,

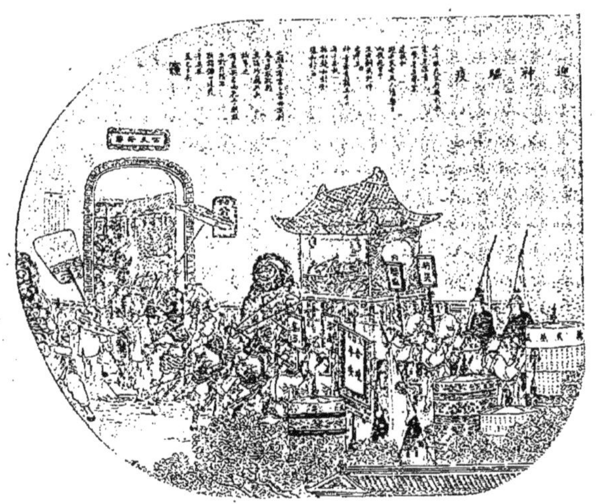

PROCESSION POUR CALMER LA COLÈRE DES GÉNIES
(Texte page 52)

les soldats de garde et fait exécuter des salves dans toutes les directions, pour effrayer le démon de la peste (1).

(1) Ce moyen énergique et simple ne donna pas les résultats attendus : la ville fut décimée. On frémit en pensant à ce qui serait arrivé si le courageux taotaï n'avait pas employé ce moyen héroïque.

A Yunnann fou, pour combattre le même fléau, le gouverneur Tsenn ordonne de fermer les portes de la ville et de rassembler la garnison en armes. Les « tigres invincibles qui se rient de la mort », ainsi que s'intitulent non sans modestie nos braves soldats, se rangent le long du mur septentrional de la cité. Ils marchent méthodiquement vers la Porte Sud en frappant de leur sabre les « kouei » invisibles du « yang tsou » (les démons du fléau). Une charge furibonde au travers de la Porte Sud termine ce terrible massacre. Une forte garde est placée au dehors (1).

Du haut en bas de l'échelle sociale, mes compatriotes croient que les maladies sont causées par des génies irrités ou malfaisants.

Ainsi, pendant le choléra meurtrier qui signala l'été de la trente et unième année de Kouang Su (1895), figuraient, sur les maisons de Pékin, des inscriptions de ce genre : « Yu Tseunn mei, qui habite ici, a brûlé pour plus de onze taëls de poudre en l'honneur du « kouei » de l'épidémie (2) ».

Les exemples précédents prouvent que cette croyance est vivace dans les provinces de l'Ouest

(1) Chose extraordinaire, après cette exécution, le fléau continua de faire rage. Les diables étaient revenus. On croit qu'ils revinrent par-dessus la muraille, mais on ne saurait l'affirmer.

(2) On brûla plus de poudre que contre les Japonais.

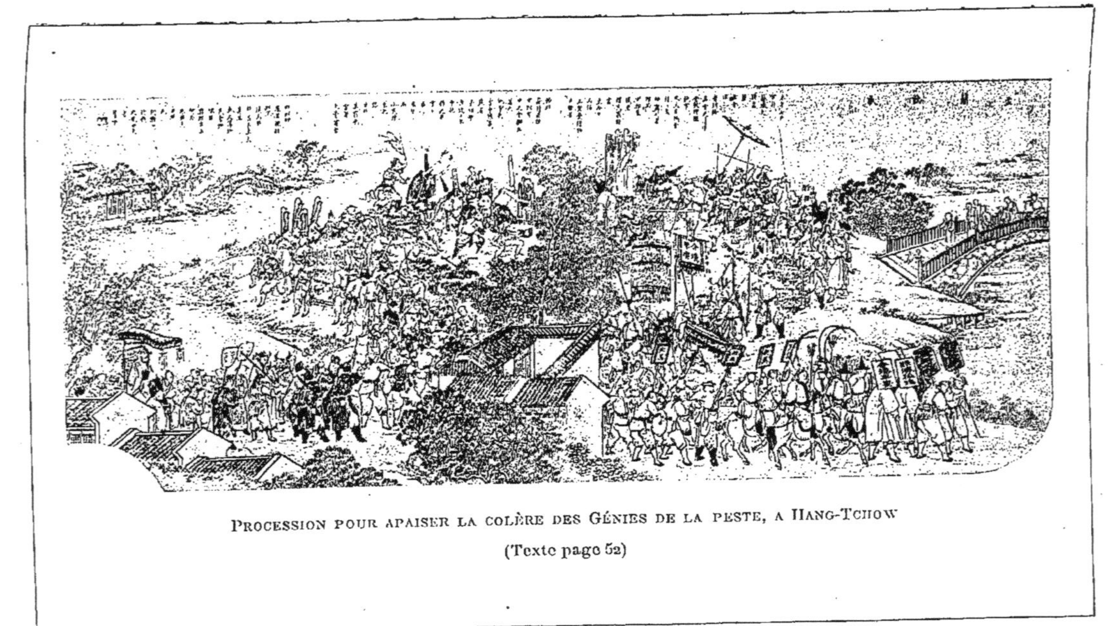

PROCESSION POUR APAISER LA COLÈRE DES GÉNIES DE LA PESTE, A HANG-TCHOW

(Texte page 52)

et du Nord; elle ne l'est pas moins dans celles du Sud.

Ainsi, lors de la peste bubonique de 1893-1894, les Cantonnais célèbrèrent les fêtes du nouvel an pendant les sixième et septième lunes, afin de faire croire au dieu de la maladie qu'il s'était trompé dans le choix du moment.

PROCESSION POUR APAISER LA COLÈRE DES GÉNIES

Cette conception de l'origine des fléaux étant admise, supposons un district désolé par une maladie épidémique, par les inondations ou par la sécheresse. Les habitants de chaque bourgade, sur le conseil de leurs bonzes et de leurs devins, veulent conjurer le mal en organisant une procession. Mais il faut que tous les villageois en fassent partie, sinon il y a lieu de craindre un redoublement de rage du « tchenn » de la maladie ou des génies des eaux. Or, les chrétiens désertent nos cérémonies religieuses et refusent de prendre part aux dépenses qu'elles entraînent.

La procession du Dragon

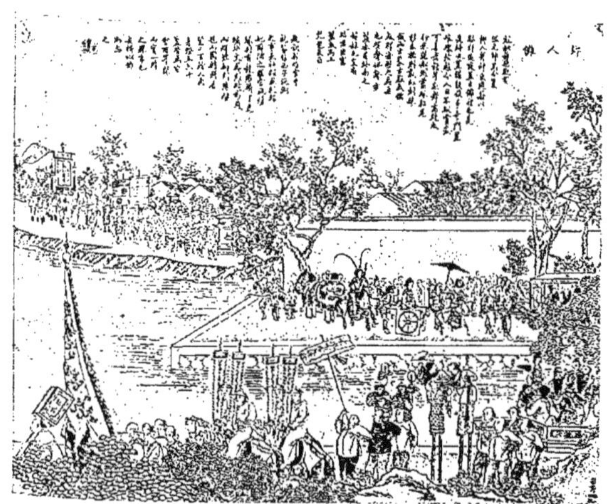

Procession pour apaiser les Génies irrités

(Texte page 52)

Ce sont donc eux qui compromettent lé succès des mesures prises : Malheur aux « kiao thou! (1) ». Malheur au « kiao sz (2)! » Ils sont considérés comme la cause de la persistance du fléau, et tous les cas de maladie, de misère et de mort ont surgi par leur faute.

Il y a autre chose. Un excellent moyen de calmer la colère des divinités taoïstes ou

THÉATRE PROVISOIRE A CANTON
(Texte page 56)

(1) « Kiao thou », disciple, terme générique désignant les Chinois convertis au Christianisme. Mais ces mêmes sons « kiao thou », prononcés sur un autre ton et représentés par d'autres caractères, deviennent injurieux et signifient « adeptes du pourceau ». Ce sont ces derniers caractères qui sont employés dans les gravures xénophobes et antichrétiennes.

(2) « Kiao sz », missionnaire. Par un jeu de mots analogue, d'autres caractères, qui se prononcent également « kiao sz », mais sur un autre ton, constituent une injure et signifient « maître-pourceau ». Les Chinois abusent de ce genre de jeux de mots.

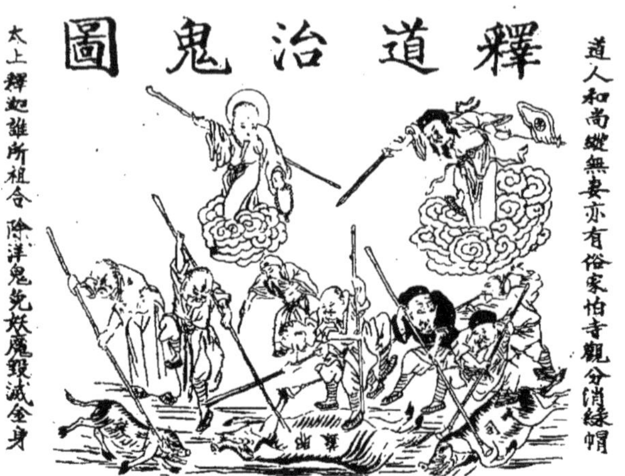

SUR L'ORDRE DES DIVINITÉS TAOÏSTES ET BOUDDISTES, LES MISSIONNAIRES ET LES CONVERTIS SONT MASSACRÉS.

Ils sont figurés par des pourceaux portant les caractères « kiao sz (maître de la religion), « kiao thou » (disciples de la religion), et « Je sou ».

LA LICORNE CHINOISE (« KI LINN »)

massacre les chèvres marquées « si » (étrangers), les pourceaux marqués « kiao sz » (missionnaires), « kiao chou » (convertis) et « Jé Sou kiao » (christianisme).

Gravures xénophobes et antichrétiennes

(Texte, voir note 1 page 54)

Une représentation en plein vent, a Tchang Tê (Hou Nann)

bouddhistes qui ont déchaîné le fléau, consiste à donner devant leur autel une représentation théâtrale. Pour en couvrir les frais, chacun verse une contribution. Seuls les chrétiens s'y refusent. L'irritation des organisateurs et des gens du peuple, qui raffolent de ce genre de spectacle, est à son comble si la cérémonie n'a pas lieu faute des fonds nécessaires. Si elle a lieu, l'abstention des convertis a augmenté les cotisations. Qu'un chrétien passe à proximité, les spectateurs abandonnent même la représentation pour faire un mauvais parti au « kiao thou ». Les injures et les coups pleuvent dru. Il est poursuivi, lapidé ou tué. Alors, si le missionnaire, douloureusement indigné, va demander justice au yamênn, le mandarin se froisse et s'irrite de cette ingérence constante.

Je ne cherche pas à excuser le sentiment anti-

En Chine sont commis des crimes analogues...

(Texte page 59, note)

chrétien, mais à expliquer comment il a pris naissance.

Vous me direz, non sans raison, que les faits suivants sont notoires. Les convertis sont accusés faussement de choses horribles, privés de leurs propriétés, chassés de leurs districts. Quatre-vingt-quinze fois sur cent, le magistrat, trompé peut-être par son entourage, donne tort au « kiao thou ». Le prêtre qui a voué sa vie à ses chrétiens ne peut assister avec indifférence à des persécutions contraires aux édits.

Il intervient et porte plainte au « yamênn ». Dès lors, le missionnaire s'est fait des ennemis mortels et, quand l'occasion viendra, on le lui fera bien voir.

Pour se rendre compte de la genèse d'un massacre, il faut en rechercher l'origine dans les légendes et dans les superstitions populaires.

Les premières relatent des histoires où des philtres et des charmes magiques asservissent un être à la volonté d'un autre. Le peuple y assimile la communion chrétienne, après laquelle la foi des convertis se manifeste plus vive. Dès lors, il accuse les missionnaires de sorcellerie et de magie dangereuse.

D'autre part, la plus répandue de nos superstitions populaires est la croyance antique à l'efficacité curative de la chair humaine (1). Cette conviction existe dans toutes les classes sociales.

Voici, à cet égard, un mémoire envoyé à l'Empereur par le gouverneur du Ho Nann, en mai 1874, et reproduit par la *Gazette de Pékin :* « Sous la dynastie actuelle, la piété filiale règne dans l'Empire. Dans le district de Tching Yang vivait une fille remarquable par ses vertus filiales. Son père,

(1) La même chose existe au Japon. Il y a une quinzaine d'années, un homme y tua sa femme et lui arracha le foie pour le mélanger à des médicaments. Il fut condamné à neuf ans de travaux forcés.

En Chine, sont commis des crimes analogues, dont croient profiter des invalides superstitieux. (Un cas est rapporté par la gazette officielle de Pékin, en septembre 1873.) Marco Polo parle longuement du cannibalisme des Chinois et des Thibétains. Au IXe siècle, ils mangeaient la chair des suppliciés. Aujourd'hui encore, à Pékin, on vend, paraît-il, du pain trempé dans le sang des exécutés. Le remède est excellent contre la consomption. En 1862, le Père de Chapdelaine ayant été tué au Yun Nann, on mangea son cœur.

L'évêque catholique actuel du Yun Nann fou a vu manger le foie et le cœur d'un célèbre brigand, dans le but d'acquérir un grand courage.

Une lettre de Mme de Sévigné prouve que des idées analogues existaient en France au XVIIIe siècle.

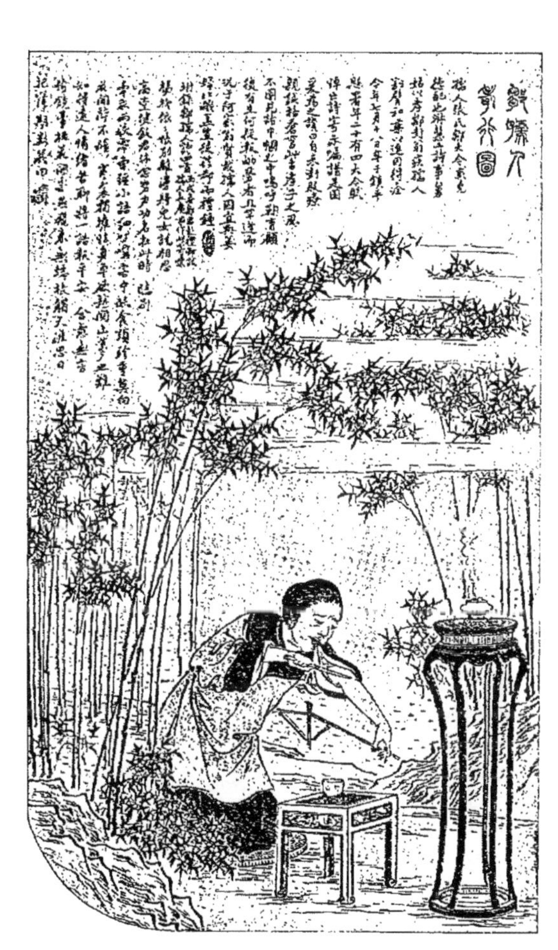

« Elle s'enleva du bras un lambeau de chair... »
(Rapport du Gouverneur du Ho Nann, mai 1874)

(Texte page 62)

Ces sacrifices dictés par la plus haute vertu filiale réjouissent et touchent les dieux

Efficacité curative de la chair humaine

(Pages 58 à 63)

au commencement de la cinquième année du règne de l'Empereur Heen Loung, tomba dangereusement malade. Allumant des bâtons d'encens, elle annonça aux dieux son désir de sacrifier son propre corps en vue d'obtenir la guérison de son père. Puis elle s'enleva du bras un lambeau de chair, qu'elle mêla au médicament prescrit. Le malade se rétablit immédiatement. Quelque temps après, une servante, voyant une grande plaie au bras de la jeune fille, lui en demanda la cause, et apprit ce qui précède... »

Dans notre pharmacopée, l'anthropophagie joue un rôle important. Comme vous le savez, trente-sept parties du corps humain, administrées en poudre ou en décoction, sont utilisées par nos médecins. C'est ainsi que le foie d'un homme assassiné constitue un remède souverain contre la fièvre pernicieuse. La chair d'un fœtus est considérée comme un tonique de premier ordre. Les yeux, les oreilles, le cerveau, les viscères d'un enfant jouissent de propriétés thérapeutiques remarquables.

Or, nous avons tous entendu parler des médecines merveilleuses des Européens, de cette poudre jaune qui arrête net la gangrène d'une mauvaise plaie (1) par l'été le plus ardent, de ces philtres grâce aux-

(1) Iodoforme.

quels se font sans douleur de longues opérations chirurgicales. Comment, disent nos gens du peuple, les Occidentaux pourraient-ils réaliser ces merveilles sans employer les vertus curatives des yeux et des viscères?

Alors, tout naturellement, s'est propagée cette histoire étrange qui paraît vraisemblable à tous, par le fait des idées reçues : « Les diables d'Occident, qui ont des yeux clairs, ont besoin, pour composer leurs médecines précieuses, des yeux noirs des enfants chinois. Les viscères, les cervelles et les moelles de ceux-ci sont employés pour la fabrication des produits photographiques et pour la transmutation du plomb en argent pur (1). » Dans

(1) « De cent livres de plomb on peut retirer huit livres d'argent et les quatre-vingt-douze livres de plomb qui restent peuvent être vendues au prix original. Mais la seule façon d'obtenir cet argent est de pilonner ce plomb avec des yeux chinois. » (Extrait du *Coup de mort à la doctrine corrompue*, écrit par S. E. Peng You linn, amiral du Yangtsé.

Le haut dignitaire qui publia ce tissu de mensonges fut envoyé à Canton en 1884, au moment de la guerre contre la France. Il déclara, dans une proclamation, que la Chine renonçait à toute responsabilité en ce qui concernait la des-

Même dans les ports à traités, ces calomnies subsistent et des enfants se cachent les yeux devant l'objectif photographique

les convictions populaires rien n'est plus ancré.

Femme chinoise terrifiée par l'objectif photographique
(Page 63, note)

Or, les orphelinats et les hôpitaux reçoivent des enfants mourants et des femmes malades, que vos religieuses accueillent avec empressement. Nos gens du peuple ne peuvent comprendre le motif de cette générosité. Comme les décès sont nombreux parmi ces enfants ramassés à demi-morts, les calomnies prennent naissance : rapts, mutilations, meurtres monstrueux, histoires atroces tenues pour véridiques, parce qu'elles correspondent à des idées admises. Des pamphlets xénophobes, des caricatures propagent ces accusations, auxquelles le baptême des enfants en danger de mort et

Devant l'appareil qui jette des sorts et fait perdre la vue
(Page 63)

truction des chapelles et le massacre des chrétiens. La populace lut entre les lignes et commit les pires excès. Pourtant Peng resta en haute faveur jusqu'à sa mort.

Les plus longues opérations se font sans douleur :

Substitution des yeux d'un lapin à ceux d'un homme

(Texte page 63)

l'extrême-onction ajoutent encore quelque vraisemblance.

Ces racontars font de la foule une masse inflammable prête à s'embraser sous l'étincelle. Vienne l'occasion, et toutes les préventions accumulées reparaissent au jour.

L'occasion? Un jour, une femme se précipite dans la rue en criant que son enfant a disparu. Elle se lamente comme savent le faire les femmes chinoises. La foule s'ameute. Une voix accuse les Sœurs de la Sainte-Enfance. Les imaginations

UN ORPHELINAT DES SŒURS DE LA SAINTE-ENFANCE, PRÈS DE PÉKIN

s'échauffent. Des meneurs se ruent vers le cimetière de l'orphelinat. Ils avisent une place où la terre est fraîchement remuée et découvrent un cercueil. Ils font sauter le couvercle, sous lequel apparaît un cadavre. Ce n'est pas celui de l'enfant perdu : peu importe! Le cercueil est promené dans les rues. Des cris de haine et de vengeance retentissent. L'œuvre de destruction et de mort commence. Et ce sont les gens de l'espèce la plus basse qui sont au premier rang des justiciers.

Parfois, comme dans le cas du massacre de Nann-Chang, la cause accidentelle est différente, mais toujours la tragédie est précédée de l'apparition d'affiches provocatrices. La presse locale joua un grand rôle dans cette triste affaire. Une foule énorme, surexcitée par les calomnies qui accusaient le Père Lacruché d'avoir tué le sous-préfet, entoura la mission catholique, qui fut brûlée. Le prêtre, traqué comme une bête fauve, fut mis en pièces. Six frères maristes, un missionnaire protestant et sa femme furent égorgés (1).

(1) En mars 1906, le Père Lacruché, désirant régler avec le sous-préfet de Nann Chang une affaire pendante depuis longtemps, invita celui-ci à dîner. Il s'agissait d'une question d'indemnités que le Gouvernement central avait donné l'ordre de payer à des convertis fort lésés par des troubles antérieurs. L'indemnité s'était égarée en route et le sous-

Dans ce cas particulier, il faut tenir compte d'une chose : celui qui a été la cause involontaire du suicide d'un homme est toujours accusé du meurtre de celui-ci.

Je ne cherche pas à excuser les atrocités commises. Je les déplore et j'en rougis. Mais les foules qui y prennent part ne sont pas toutes constituées de monstres à face humaine. Le plus grand nombre des massacreurs sont des ignorants, aveuglés par les mensonges de gens plus éclairés, qui sont les vrais coupables.

Je lis qu'il est étrange de voir le Christianisme se propager si lentement, après tant d'efforts. Ce qui est étonnant, c'est qu'il fasse des progrès, mal-

préfet s'était fort compromis. Il vit soudain que sa situation était désespérée si les pièces signées par lui étaient envoyées à Pékin. Après avoir discuté avec le prêtre, il trouva un prétexte pour se retirer un instant dans une chambre voisine et, saisissant une paire de ciseaux, s'ouvrit la gorge.

Ses domestiques, complices ou dupes, sortirent en criant qu'il avait été assassiné et ameutèrent la foule. Le sous-préfet déclara, avant de mourir, que le Père Lacruché lui avait porté le coup mortel. En vain le malheureux prêtre écrivit-il au Vice-Roi pour lui expliquer ce qui s'était passé. Le jour même, des affiches furent imprimées faisant appel à la population. Trois jours après, les meurtres commencèrent.

gré de si nombreuses causes d'échec. L'une d'elles est la multitude des dénominations et des enseignements des sectes chrétiennes.

Avouez que nous sommes en droit de vous dire : « De grâce, mettez-vous d'accord. » Les dogmes communs aux missions suivantes, établies chez nous, sont en nombre si restreint, que je me fais fort de les écrire sur l'ongle (et je ne parle pas d'un de ces ongles d'élégante, sur lequel trouverait place la matière d'une page in-octavo): catholiques, haute Église anglicane épiscopale, basse Église anglicane, presbytériens, Église presbytérienne de Thomas Chalmers, méthodistes, méthodistes épiscopaliens, baptistes réformés, baptistes de sept jours, baptistes indépendants, congrégationalistes, Église de Chaldée, Église grecque, non-conformistes de toutes couleurs, calvinistes, luthériens, quakers, que sais-je encore? Pour nous, deux enseignements séparés dont le nom et le dogme diffèrent sont deux religions distinctes, et le « Tienn-Shou », Seigneur du Ciel, des catholiques, le « Shang Ti », Seigneur suprême, des anglicans, le « Tchenn Shann », véritable esprit, des missions américaines baptistes, sont des divinités différentes.

Imaginez-vous que les apôtres d'une foi nouvelle arrivent en Europe et fassent l'exposé de leur enseignement religieux, puis que d'autres leur succèdent et infirment les dires des précédents. Vous hausseriez les épaules en disant : « Mettez-vous d'accord ! »

* * *

Encore si vous ne nous envoyiez que des gens d'élite, instruits, prudents, de grand tact, sachant bien notre langue avant d'entamer le travail d'évangélisation ! Certes l'espèce existe. J'ai rencontré quelques-uns de ces hommes, pour qui j'ai de l'estime, de l'admiration, de l'affection même. Mais parmi les missionnaires de toutes dénominations que vous nous envoyez, il en est qui sont fort mal préparés à leur rôle. Tous ne donnent pas l'exemple du renoncement qu'ils prêchent. Quelques uns sont devenus missionnaires par « business », non par vocation.

Ils abandonnent, du reste, avec enthousiasme la carrière évangélique pour devenir agents de compagnies ou correspondants de journaux. La connaissance du chinois, acquise aux frais de la société mère, leur est des plus utiles dans leur nouvelle situation.

Cela nous est d'ailleurs indifférent. Notre grief, le voici : mal recrutés, mal préparés, imparfaitement au courant de notre langue et de notre étiquette, ignorant tout de notre mentalité et du génie de notre race, ces Occidentaux blessent souvent d'une manière profonde nos susceptibilités par des paroles malheureuses.

Et quel est le mode de propagande utilisé par un grand nombre de missionnaires? L'un des plus dangereux qui soient : la distribution à la volée, par millions, d'éditions chinoises mal revisées de la Bible. Ces traductions sont faites grossièrement. Elles ne tiennent pas compte de notre ignorance des anciennes coutumes juives. Ne vous étonnez donc pas si des textes bibliques mal choisis et présentés sans commentaires sont convertis par nos lettrés en arguments contre votre foi ou en terribles satires.

* * *

Une autre grave erreur de votre propagande est l'utilisation de femmes évangélistes par les sociétés protestantes mères. Ces missionnaires portent notre costume, ce qui rend la faute plus choquante à nos yeux, car l'émancipation féminine est une notion contraire à toutes nos idées.

Enfin, une objection nouvelle est venue tout récemment se dresser devant la propagation du Christianisme. Nous voyons un grand pays expulser les ordres religieux, dont il s'est constitué chez nous le protecteur. Que penser de cette attitude, sinon qu'elle constitue l'application du conseil donné dans un de vos livres,— de Francis Garnier, je crois : « se servir des missionnaires, ne pas les servir ».

— Très vénérable mandarin, dis-je, un fait nouveau a surgi, qui modifie cet état de choses. D'après une lettre que je viens de recevoir, le Ministre de France à Pékin aurait fait à votre gouvernement la communication officielle suivante : « La France, rompant le lien qui existait depuis des siècles entre elle et la propagande catholique, renonce au protectorat des missionnaires qui ne sont pas de nationalité française. » Les temps sont proches où le Vatican appointera à Pékin un légat.

— Dans ce cas, répondit Wonn, mon objection tombe.

Mais nous voyons encore qu'un autre grand pays, si zélé à défendre les chrétiens du Chann Toung, s'est montré fort indifférent au massacre des chrétiens d'Arménie. « Tous ensemble, disait un homme d'Etat, les Arméniens ne valent pas les os d'un seul grenadier allemand »

Nous sommes fatalement amenés à voir dans la christrianisation une arme politique, encouragée ou délaissée selon les exigences du moment. Nous constatons que le sang des martyrs sert de prétexte à vos demandes de compensations. Dès lors, les missions constituent l'avant-garde de cette « pénétration pacifique » abhorrée, qui nous a coûté tant de territoires. Elles sont pour nous un danger permanent et, malgré tout le bien qu'elles ont pu accomplir, nous ne voulons pas d'elles.

*
* *

Tels sont nos griefs contre les missionnaires. J'ai parmi ceux-ci quelques amis dévoués dont j'admire sincèrement la hauteur d'esprit et la noblesse de cœur. Aussi ai je exposé la question sans amertume, dans le désir sincère qu'un remède pût se trouver à leur situation et à la nôtre.

Cependant je n'ai point parlé d'un autre grief qui les concerne, en même temps que tous les étrangers établis chez nous. Il s'agit d'un privilège qui les soustrait à notre justice et que vous appelez exterritorialité.

— Très auguste mandarin, répliquai-je, votre frère

TERREUR INSPIRÉE PAR LA JUSTICE CHINOISE :
Des villageois repoussent, loin des rives, des débris humains apportés par le courant

(Texte page 74, note 1, alinéa 4)

tout petit a entendu raconter à Canton l'histoire suivante :

« En 1898, à Tchao King fou, l'ancienne capitale du Kwang Toung baignée par le Si Kiang, un brigand fut attaché à la Porte de l'Ouest, par des clous chauffés au rouge, traversant les poignets. Il fut cloué à chacune des quatre portes et vécut quatre jours. Comme il essayait de mettre fin à son supplice en se frappant le crâne sur la porte, un capitonnage fut placé derrière la tête. Avouez que ce mode de répression est un peu vif, de même que le « ling hi » (1) d'ailleurs. Quant à la strangulation lente, je ne la cite que pour mémoire.

(1) Le « ling hi » ou dépeçage progressif est prononcé dans les cas suivants : parricide (même involontaire);
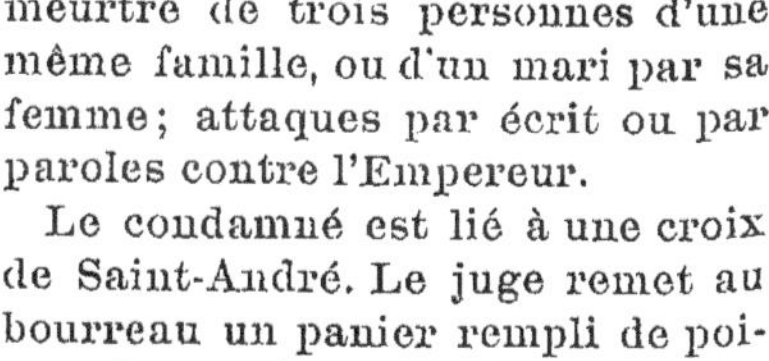
meurtre de trois personnes d'une même famille, ou d'un mari par sa femme; attaques par écrit ou par paroles contre l'Empereur.

Le condamné est lié à une croix de Saint-André. Le juge remet au bourreau un panier rempli de poignards, sur les manches desquels sont gravés des caractères idéogrammes. Ils désignent des parties du corps différentes. Le bourreau tire un couteau au hasard, clame le caractère et tranche l'organe ou le membre désigné.

Dans la strangulation lente, le condamné a le cou enserré dans un carcan de bois. Les pieds reposent

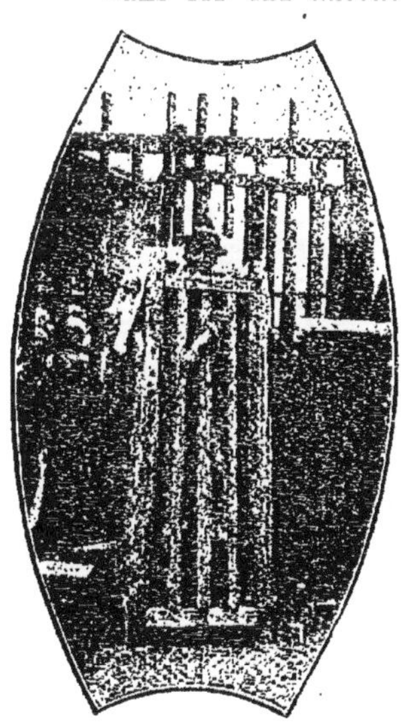

STRANGULATION LENTE :
Premier jour.

1

2

3

4

Phases du découpage lent (linghi)

(page 74, note 1)

OPINIONS CHINOISES
SUR LES BARBARES D'OCCIDENT
par le commandant F. Harfeld

5

6

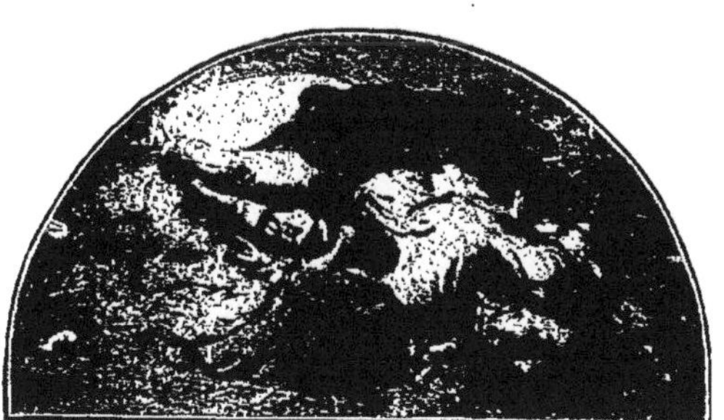

Après le « Linghi »

— Mon très sage frère aîné est d'une érudition profonde et sait tout ce qui se passe « sous le ciel » (1). Je lui ferai remarquer seulement que le « ling hi » est souvent réduit au minimum : deux entailles profondes au front; la peau rabattue sur les yeux; les caractères « ling hi » tracés sur la poitrine à la pointe du couteau; un coup au cœur, puis le découpage. Souvent aussi,

STRANGULATION LENTE : Troisième jour.

sur un tas de briques dont quelques-unes sont retirées chaque jour. Le supplicié sautille sur la pointe des orteils pour échapper à l'asphyxie, jusqu'à ce que l'épuisement et l'agonie viennent. La strangulation est complète le troisième jour.

En 1906, un décret a ordonné la suppression de la torture, mais il est resté lettre morte : les vice-rois ont déclaré ne répondre de rien si les anciennes sanctions pénales, qui inspirent une terreur salutaire, étaient abolies. Ici encore, la réforme n'existe que sur le papier.

(1) « Tienhia » : sous le ciel; le monde entier, la Chine. L'empire chinois est entouré de quatre mers dans lesquelles sont situées les petites îles des Barbares. Le ciel est une voûte tournante, la terre un plateau carré.

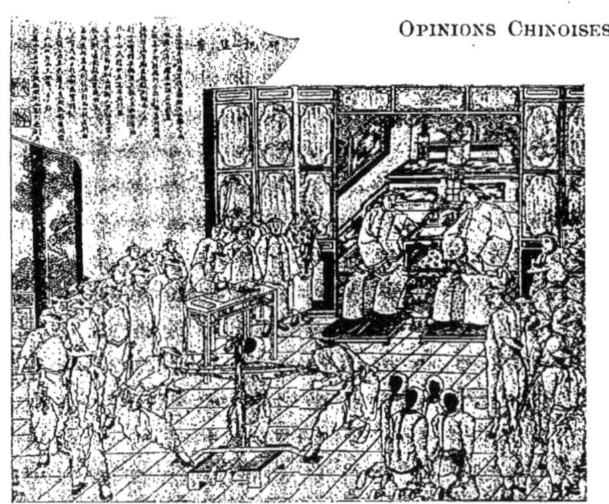

TORTURES EXTRA-LÉGALES POUR ARRACHER L'AVEU.

le condamné est sous l'influence de l'opium.

— Mais, insistai-je, les tortures illégales, la nécessité d'arracher l'aveu, l'emprisonnement des témoins et des plaignants, les souffrances imposées par les geôliers dans un intérêt personnel semblent justifier l'application momentanée de l'exterritorialité. C'est bien regrettable, car je reconnais avec l'éminent Wong Wenn qu'elle abaisse le prestige du mandarinat.

— C'est vrai, répondit le mandarin, et ce privilège qui soustrait les étrangers à la justice chinoise leur permet de ne tenir aucun compte des influences des « fengshui ». Les tranchées, les tunnels, les édifices élevés et pesants peuvent ruiner à jamais les influences heureuses qui président aux destinées d'une ville ou d'une région. Vos grands travaux d'art remplissent d'inquiétude notre population, pour des raisons multiples.

Tout d'abord, il est universellement admis qu'une œuvre difficile entraîne des sacrifices de vies humaines. Cette idée est à la base d'innombrables légendes dans le genre de celle-ci : « En établissant les fondations du pont « de la famille Lo », à la Porte Est de Shanghaï, de grandes difficultés furent rencontrées. L'entrepreneur ne les surmonta qu'avec l'aide des « kouei ». Il leur voua deux mille enfants, qu'aussitôt la variole frappa. Plus de la moitié moururent. »

Sur cette idée superstitieuse, vient s'en greffer une autre : la colère des génies, irrités des modifications apportées aux sites par vos grands travaux d'art, se manifeste par des fléaux innombrables.

Je pris la parole pour apporter des objections :

— N'y a-t-il pas beaucoup d'hommes « sous le ciel », demandai-je, qui traitent avec désinvolture les divinités taoïstes et bouddhistes? N'a-t-on pas vu des créanciers saisir des idoles? Et l'anecdote suivante, que l'on raconte à Canton, n'est-elle pas caractéristique?

La sécheresse désolait le delta de la rivière des Perles et, pour la quatrième fois depuis deux mois, le « foutaï » s'était rendu en grand costume au temple du dieu de la pluie. L'air était embrasé et le gouverneur, qui avait fort chaud, était de très méchante humeur. Arrivé devant l'idole, il l'interpella :

« Le dieu croit peut-être que je mens, s'écria-t-il,

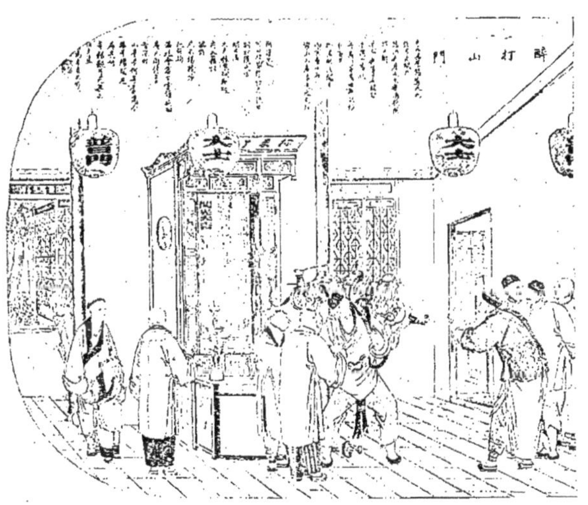

N'A-T-ON PAS VU DES CRÉANCIERS SAISIR DES IDOLES ?
(Voir texte page 77)

» lorsque je lui dis que la terre est desséchée et
» que l'ardent soleil flamboie? Assis dans sa
» niche fraîche, comment le vénérable génie
» pourrait-il ressentir les cuisantes brûlures de
» l'air embrasé? »

Ensuite, il ordonna de mettre une corde au cou

de la divinité, de la porter au dehors et de la laisser au soleil afin de pouvoir constater par elle-même l'état de l'atmosphère.

Après que Son Excellence le gouverneur se fût rafraîchie dans le temple, l'idole fut replacée sur l'autel.

Je ne sais pas si le traitement fut efficace, mais il est irrespectueux.

Wenn Tchao lann hocha la tête en souriant :

— La remarque de mon très vénérable frère aîné est infiniment judicieuse, dit-il. Mais ceux-là mêmes qui traitent les génies avec désinvolture frémissent si un voisin bâtit un mur quelque peu élevé, et suivent religieusement les indications du docteur ès « fengshui » pour l'emplacement d'une tombe.

Même nos Empereurs et la Cour croient aux « fengshui ». Lorsque le grand Shing Tienn tz (le sage Fils du Ciel), qui portait le nom de Toung Tchi, fut remonté sur le dragon pour être un hôte d'en-haut, en la douzième année du soixante-seizième cycle (1875), les discussions qui surgirent entre les astrologues de la Cour durèrent neuf mois. Jusqu'alors, les Empereurs mandchous étaient enterrés alternativement dans les cimetières de l'Est et de l'Ouest, à égale distance de Pékin.

Cette fois, contrairement aux règles, après neuf mois de discussions, Toung Tchi fut inhumé à côté de son père, dans le cimetière de l'Est. Trois ans plus tard, les inondations et la famine désolèrent le pays. Des censeurs ne manquèrent pas de faire remarquer que ces fléaux étaient dus à la perturbation du « fengshui » de l'Empereur Toung Tchi, enterré dans un cimetière non propice.

— Noble Tche fou, les mauvaises langues n'ont-elles pas dit que les docteurs ès « fengshui » étaient bien aises de tirer tout le parti possible d'une si belle occasion? Et si la règle d'alternance qui préside au choix des sépultures impériales devenait immuable l'intervention des astrologues ne diminuerait-elle pas d'importance?

Si votre frère cadet, tout jeune et sans lettres,

UNE DES SÉPULTURES IMPÉRIALES
(Dynastie des Ming)

cite ces appréciations peu bienveillantes, c'est qu'elles l'ont étonné et font contraste avec le respect professé pour les « fengshui » par toutes les classes d'un grand peuple.

Le préfet s'inclina en signe d'approbation :

— Votre observation est profondément juste, fit-il. La foi dans les « fengshui » et dans l'astrologie peut être considérée comme universelle dans notre pays. Nos annales montrent que nos souverains en ont toujours tenu compte. C'est ainsi que l'Almanach impérial indique chaque année les jours heureux et les jours néfastes.

Tout près de nous, l'histoire rapporte un trait illustre :

« Lors du retour de notre auguste impératrice Gseu Hi de Si Ngann Fou à Pékin, les astrologues fixèrent la rentrée au palais au 28e jour de la 12e lune (7 janvier 1901), à 2 heures précises, afin d'accumuler les influences heureuses des astres et des dieux. A Pao Ting Fou, la terreur d'arriver trop tard à Pékin saisit notre grande « houang taï hou » (impératrice douairière). Elle voulut partir de Pao Ting dès minuit. Mais rien n'était prévu pour l'éclairage des voies, et le départ fut fixé à 7 heures du matin. Aussi, fort inquiète, était-elle sur le quai avant l'aube. Heureusement, à 2 heures précises, elle passa sous la première porte du palais : les sorts étaient conjurés.

L'exemple du respect qu'inspirent ces antiques et vénérables traditions part donc du « trône du dragon ». Dès lors, nous, humbles lettrés, nous les admettons sans réserve.

D'ailleurs, vous-même, sans vous en douter, vous observez certaines règles des « fengshui ». Ceux-ci ordonnent d'exposer au Sud les portes et les façades des habitations. N'ai-je pas vu, à Shanghaï, dans la concession internationale, des annonces ainsi libellées : « House to let, southerly exposure; all rooms facing south. » (Maison à louer, exposée au Sud; toutes les pièces face au Sud.) Vous me direz que, pendant les lourdes et dépressives chaleurs de l'été, la brise (la mousson) souffle régulièrement du Sud. Soit! les « fengshui » sont donc d'accord avec l'hygiène.

Que de plaintes n'ai-je pas entendues en Europe contre l'abus des placards-réclames qui abîment les plus beaux paysages! Nos « fengshui » ont donc du bon puisqu'ils protègent les sites.

Quoi qu'il en soit, nous sommes convaincus que les tranchées, les travaux de mine, les cheminées d'usines, les clochers d'églises peuvent ruiner à jamais les influences protectrices d'une ville ou d'un district.

— Qu'il soit permis à votre frère tout jeune et sans expérience, dis-je au préfet, de présenter une remarque inintelligente et peut-être vide de sens :

les « fengshui » sont toujours invoqués lorsqu'ils peuvent empêcher un étranger de s'établir dans la belle « terre des fleurs ».

— Tâ Kwang (grande lumière), rien n'échappe à votre observation perspicace, répliqua Wenn. Mais les étrangers sont souvent en faute. Ils veulent s'établir sur les collines qui dominent la cité pour n'être pas incommodés par ses odeurs. Ils bâtissent une maison à plusieurs étages. Le maudit édifice! Il va ruiner la prospérité de la ville, abîmer pour toujours les bonnes influences du sol, amener toutes sortes d'épidémies, de fléaux et de malheurs, empêcher la réussite des candidats du district aux examens provinciaux! Ne vous étonnez donc pas de voir les animaux fatidiques, le serpent, le dragon, la tortue, le tigre blanc, les génies des vents et des eaux, sous la forme d'une foule furieuse, se ruer vers l'habitation pour la démolir. Malheur à vous si votre cheminée domine la maison du voisin, car vous nuisez à son « fengshui » (1)! D'où procès et représailles. Malheur à vous si votre fenêtre s'ouvre en face de sa porte! Ou bien encore si vous élevez une lourde bâtisse aux points

(1) Si deux constructions sont voisines, celle de gauche est bâtie sur le Dragon vert, celle de droite sur le Tigre blanc. Le Tigre ne peut être plus haut que le Dragon, sinon le sort funeste et la mort s'acharneront. (Extrait d'une « boussole » pour docteurs ès fengshui.)

où les veines du dragon terrestre affleurent! La circulation du monstre est troublée et d'affreux désastres vont s'ensuivre : la terre tremble, les pagodes, les temples et les maisons s'écroulent! En effet, disent nos légendes, à l'origine la terre fut couverte d'eau, puis de boue. Le Tâ Loung Wang (grand dragon) tomba dans un profond sommeil. Il dormit si longtemps que ses écailles et ses griffes, grandissant toujours, recouvrirent la surface de la terre.

Quand les premiers hommes commencèrent à construire des maisons et à tracer des chemins, ils entaillèrent les rocs superficiels. Mais ces travaux ne causèrent point de douleur au dragon, pas plus que le fait de couper l'extrémité des ongles ne blesse un homme.

Cependant, quand des ingénieurs téméraires ouvrent des carrières profondes ou des tranchées dans le roc épais, ils arrivent au vif du dragon. Alors celui-ci tressaille de douleur, et un choc terrible secoue la terre : dans l'imagination populaire, les tremblements de terre n'ont pas d'autre cause. Ou bien les mugissements furieux du monstre déchaînent des typhons dévastateurs : les typhons n'ont pas d'autre cause.

Aussi, des cartes indiquent-elles les endroits où les artères et les veines du Tâ Loung Wang affleurent.

Pour notre peuple, l'existence du dragon est une vérité séculaire indiscutable.

— Le « Koueï fou » (noble préfet) peut imaginer sans peine, fis-je observer, quelles entraves opposent les « fengshui » au malheureux ingénieur qui veut

LES DRAGONS QUI DÉCHAINENT LES TYPHONS
(Texte page 84)

foncer un puits de mine, ouvrir une tranchée, établir une pile de pont ou percer un tunnel. Les courbes continuelles et les rampes de la ligne « Ping Li » (1)

(1) De Ping hsiang à Li Ling par Ngaun Yuenn, dans le Kiang Si. De faibles rayons, des courbes inverses et de fortes rampes caractérisent ce tronçon, qui dessert les houillères de Ping Hsiang.

montrent ce que les nécessités des « fengshui » ont fait d'un tracé de chemin de fer.

— Votre frère cadet, à l'esprit borné, s'en rend compte, éminent vieillard Ha, répondit Wenn. Bien que la croyance aux « fengshui » tende à

SÉANCE DE LA COUR MIXTE (SHANGHAI).

(Texte page 87) La peine de la cangue.

diminuer d'intensité, elle est encore très vive. Elle constitue une source de froissements continuels entre les étrangers et nous. C'est le privilège de l'exterritorialité qui permet aux Occidentaux résidant en Chine de ne pas tenir un compte suffisant de ces croyances respectables.

Il faut ajouter que nous sommes devenus ombrageux dans nos rapports avec les étrangers. Ce qui s'est passé à la cour mixte (1), en décembre 1905, fait voir que, dans ces conditions, un incident de peu d'importance peut amener soudain un événement grave.

(1) La cour mixte a juridiction sur tous les cas où sont mêlés des Chinois habitant les concessions. Elle est présidée par un mandarin, que surveille un assesseur européen désigné par l'un des consulats généraux.

Le 15 décembre 1905, une discussion s'éleva entre le juge et l'assesseur. Celui-ci trouvait illégale une décision qui concernait une femme accusée d'avoir maltraité des filles

LA COUR MIXTE A SHANGHAI
La bastonnade sur les paumes

Cet épisode montre aussi combien sont blessants pour nous les privilèges dont jouissent les étrangers. Pourrait-il en être autrement ? Comment sont accueillis les Chinois qui veulent s'établir chez vous ?

Vos lois d'exclusion ont blessé au vif notre amour-propre (1). Nous avons été profondément humiliés par les édits gouvernementaux de 1887 au Canada, de 1882, 1888, 1894 aux Etats-Unis, de 1898 aux Iles Sandwich, de 1879 et 1888 en Australie, de 1886 en Sibérie.

Le traité de 1894 exclut des Etats-Unis les immigrants chinois, sauf les étudiants et les marchands. Ceux-ci furent pourtant traités comme du bétail.

esclaves. Une mêlée furieuse se produisit entre la police européenne, sikh et chinoise du tribunal et les satellites du mandarin. Celui-ci fut fort maltraité.

Le 18 décembre, les Chinois de Shanghaï envahirent les postes de police de Hongkew et de Nanking Road. Des Européens qui passaient dans les rues furent attaqués et blessés. Les troubles prirent fin rapidement, car les bâtiments de guerre en rade débarquèrent des marins armés, et tout rentra dans l'ordre.

(1) Ces lois d'exclusion répondent à une triste nécessité. Tempérant, frugal, habile, tournant la loi, travaillant sept jours par semaine, ne dépensant guère pour son confort ni pour ses plaisirs, le fils de Han supplante partout les ouvriers de race blanche. Il a fallu se défendre par des lois. Mais cette explication n'atténue en rien l'intensité du grief.

J'interrompis doucement le préfet :

— Je ne chercherai pas à excuser ces mesures rigoureuses et injustes, mais permettez-moi pourtant, noble frère aîné Wenn, de montrer ce qui les provoqua.

Un grand nombre de coolies obtinrent d'un taotaï des certificats frauduleux qui furent légalisés, à Canton et à Shanghaï, par certains consuls américains.

Il en résulta vers les Etats-Unis un mouvement ininterrompu d'ouvriers innombrables, se disant marchands ou étudiants. L'immigration se faisait par les ports côtiers, ainsi que par les frontières canadiennes et mexicaines. Les *Labour Unions* protestèrent avec violence et les immigrants furent fort maltraités. Ce fut d'autant plus regrettable que, parmi eux, se trouvaient quelques marchands et quelques étudiants *bona fide*.

— Aussi, Wong-Ha, conclut le Préfet, avons-nous boycotté toutes les marchandises américaines.

Le traité de dix ans concernant l'émigration était sur le point de prendre fin et le bruit courait que, bien loin d'être adouci, il allait être rendu plus sévère. Les gildes avaient appris les traitements indignes subis en Amérique par certains de leurs membres. Elles prirent conseil des marchands chinois établis de l'autre côté du Pacifique et décidèrent le boycottage des produits américains. Partout des affiches apparurent. Le mot d'ordre fut parfaitement observé, et le commerce américain éprouva des pertes sérieuses

Le département d'État de Washington vient de promettre un traitement meilleur aux marchands et aux étudiants, mais la classe ouvrière chinoise restera exclue des Etats-Unis.

Or, d'autre part, quand vous manquez de travailleurs en pays malsain, à Panama, aux îles de guano du Pérou, à Cuba, vous demandez des coolies. Les belles promesses alors ne font pas défaut !

Cette traite a entraîné de terribles abus : nos commissaires spéciaux ont envoyé, de Cuba, du Pérou et d'ailleurs, des rapports où les charges étaient accumulées.

Jusque dans ces dernières années, il entrait dans nos idées de refuser au sujet chinois qui s'expatriait la protection du gouvernement mandchou. Mais les traitements infligés à nos frères jaunes en Amérique et en Australie ont enfin réveillé en nous la solidarité endormie. Certaines comparaisons y ont aidé : lorsque des Américains isolés ont été maltraités en Chine, leur gouvernement en a fait un cas de réclamation majeure. Mais que des Chinois soient tués à Rockspring, à Cripple Creek ou dans d'autres villes minières (1),

(1) Parce qu'ils supplantaient à prix réduit, en temps de grève, des ouvriers mineurs ou métallurgistes.

la « Maison Blanche » se contente de faire remarquer à notre ambassadeur qu'elle ne peut lui donner aucune satisfaction : cet acte regrettable a été commis, en effet, dans un Territoire sur lequel l'Administration centrale a peu de contrôle, ou bien dans un Etat sur lequel le Gouvernement de l'Union, de par la Constitution américaine, n'a pas de juridiction du tout.

Dès lors, vous comprendrez notre peu d'enthousiasme à vous accorder chez nous les droits que vous nous refusez chez vous.

Aussi est-ce contre notre gré et par la force du glaive que se sont développés vos rapports avec nous. Par une série de traités qui ratifiaient les abus de la puissance brutale des armes, vous nous avez arraché des privilèges.

A peine avions nous accordé des avantages à une nation, qu'ils étaient applicables à toutes, par suite de la clause de la nation la plus favorisée. Ainsi des chalands qui ont pénétré dans une écluse s'élèvent ensemble au niveau du bief supérieur.

Tous ces privilèges dont vous jouissez nous rappellent donc les violations de notre droit, et notre rancune s'accroît encore.

Je viens de dire que vous jugiez différemment les meurtres commis chez nous et chez vous. Est-il juste de rendre notre gouvernement responsable de la sécurité des étrangers (1)? Des meurtres isolés servent de prétexte à vos demandes de privilèges et d'indemnités.

Or, l'assassinat d'Alexandre II, de Lincoln, de Garfield, de Carnot, de Mac Kinley, de l'impératrice Elisabeth, de Nasr ed Din, des rois Humbert et Don Carlos, les crimes terroristes, le massacre des ouvriers italiens à la Nouvelle-Orléans, le

(1) Ce n'est pas juste, mais c'est le seul procédé qui soit efficace. Les raisons qui en justifient l'emploi n'auraient pu être exposées sans blesser au vif le préfet, ni sans offenser les secrétaires, appariteurs et serviteurs qui assistent toujours, debout près des portes, aux visites reçues par les officiels chinois. Voici ces raisons. Les placards xénophobes se publient avec l'« imprimatur » des autorités. La plupart des troubles sont fomentés par l'entourage des mandarins : lettrés, licteurs, coureurs, exploiteurs de toutes sortes Ce monde de parasites, lié avec les tenanciers des fumeries d'opium, des tripots et des bouges peut mettre en mouvement toute la multitude des malandrins propres à rien, mais prêts à tout, pour qui les massacres de voyageurs et de missionnaires sont une fête

Avant que les mandarins fussent rendus responsables, ils sympathisaient avec les massacreurs. Les sol-

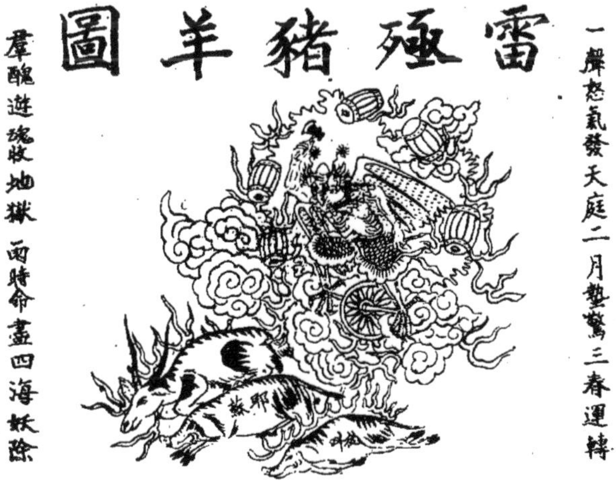

雷殛豬羊圖

UNE GRAVURE XÉNOPHOBE :
Le dieu du tonnerre foudroie les étrangers, les missionnaires et les convertis.

(Texte page 93, note

chiffre des meurtres qui croît en Europe d'une manière inquiétante, prouvent que les polices les meilleures sont impuissantes à empêcher les attentats. Ces comparaisons, soulignées par nos journaux, accroissent l'irritation générale.

***

Enfin, l'effet produit par votre ignorance complète de notre cérémonial achève de vous disqualifier. Il nous semble incroyable qu'on puisse ignorer ce qui nous fut enseigné de tout temps.

Pour moi, qui suis revenu de bien des choses, je me rends un peu compte de ce qui se passe en vous : énervement produit par l'échange de phrases convenues contre d'autres phrases convenues, mépris d'un code de cérémonial frivole à vos yeux, exagération de la valeur du temps. « Le temps est de l'argent, » dites-vous. Sur ce point, comme sur tant d'autres, les fils de Han et les Occidentaux ne sont pas d'accord : la résultante de l'impatience

dats des « yamênn » assistaient au pillage et à l'incendie.

Les mandarins ont toute facilité pour supprimer les affiches qui attisent la haine, pour prohiber les publications xénophobes et pour faire avorter les massacres prémédités

Sauf de très rares exceptions, « comme le mandarin chante, le peuple danse ». On s'est donc trouvé dans l'obligation de rendre le gouvernement central responsable des massacres.

et de la hâte, au milieu de nous, est une diminution de vitesse.

Mais, quelle que soit la cause de ce mépris de notre étiquette, il exalte en nous le sentiment de notre supériorité sur des gens qui, refusant d'observer les convenances, se rient du décorum et des usages reçus.

Le faste officiel nous est cher à nous, Orientaux. Nous ne pouvons comprendre qu'un chef d'État, le président Grant, se soit promené en veston dans les rues de Pékin. Mais veuillez vous rendre compte de nos impressions devant un cas plus banal. Imaginez qu'on annonce, dans une ville de l'intérieur, l'arrivée prochaine d'un consul général, à qui les traités donnent rang de « taotaï ». La foule monte sur les larges remparts de la ville pour voir arriver la procession du grand magnat étranger. Et voici le cortège somptueux qui s'approche. D'abord, un messager dont le portefeuille rouge contient les cartes de visite chinoises du consul. Puis, dans une chaise à quatre porteurs, un voyageur en vêtements négligés et poussiéreux. Enfin, quelques coolies qui portent des malles. C'est tout! La curiosité devient une indifférence méprisante. Quelques heures plus tard, le consul est reçu par le préfet. Nous comparons, à part nous, le vêtement mandarinal flottant de soie brodée

Nous comparons, a part nous,
le vêtement mandarinal de soie brodée avec les vêtements étriqués des Occidentaux

et notre « tso i » cérémonieux, avec la redingote étriquée et les saluts secs du consul en visite.

N'était notre politesse native, nous serions pris d'une vive hilarité. Bagatelles! dites-vous. Cependant rien n'augmente plus sûrement notre mépris de l'étranger que le fait de ne pas se soucier de ces bagatelles.

***

Les représentants de vos syndicats font généralement sur nous une impression plus fâcheuse encore. Presque toujours, ce sont des gens d'affaires, très pressés, que tout délai irrite. Ils arrivent au « yamênn » du vice-roi ou du préfet et présentent leur demande sous la forme d'un ultimatum. Ces procédés ont pu réussir dans la période d'intimidation de 1891 à 1901 : la Chine affolée cédait alors à toute demande appuyée par la force. Aujourd'hui que notre pays s'est ressaisi, l'échec de ce type de négociateurs sera complet et définitif.

***

Je ne pourrais énumérer tous vos manquements à notre étiquette; ils sont innombrables. Ils nous choquent et vous déconsidèrent complètement à nos yeux. J'en cite au hasard : accepter sans de longues protestations la place d'honneur; s'asseoir avant celui qui vous reçoit, obéissant ainsi à ses pressantes sollicitations; rester assis s'il se lève un instant; porter des lunettes en présence d'un supérieur; les mettre, sans en demander la permission, pour lire un document, et les conserver, la lecture terminée; présenter ou recevoir un livre, un document, une tasse, en se servant d'une seule main; boire, avant qu'il soit temps de partir, le thé qui vous est servi (1); omettre de se lever

(1) Le thé est toujours servi dès que le visiteur s'est assis. Le maître de la maison soulève alors un peu le couvercle de sa tasse, comme pour inviter son hôte à boire, et celui-ci en fera autant. Mais ni l'un ni l'autre ne la porteront aux

en même temps que l'amphitryon, quand les serviteurs remplissent pour la première fois votre coupe de vin; tenir celle-ci par le fond, ou la vider complètement (1); négliger de se régler sur le principal invité lorsqu'on sert le premier plat rôti, ou le premier bol de riz; décliner de manger le « ti tzé » (rôti de porc) lorsque l'amphitryon fait présenter ce rôti découpé : tout cela constitue un manque d'égards impardonnable. C'est se disqualifier que de passer par l'entrée de droite de la porte « ki linn mênn », lors d'une visite qui n'est pas faite à titre de subordonné. Les battants centraux s'ouvrent seulement lorsque le maître de la maison est prêt à recevoir le visiteur. Souvent l'attente est longue et l'étranger, impatienté et insuffisamment au courant des coutumes chinoises, commet la faute de passer par l'une des portes latérales, qui sont ouvertes.

Il est impertinent de regarder en face un

lèvres. A partir de ce moment, la conversation s'engage. A la fin de l'entretien, celui qui veut lever la séance, prend à deux mains sa tasse de thé et le support de celle-ci, puis il boit à deux ou trois reprises presque consécutives. Les autres personnes assises font de même. On se lève ensuite et on échange le « tso i ».

(1) On laisse toujours quelques gouttes au fond de la coupe, sauf après le diner, quand on veut être autorisé à se retirer. Dès qu'elle est à moitié vide, des serviteurs viennent la remplir. On la tient en introduisant légèrement l'index à l'intérieur.

homme d'un rang social supérieur au sien. Il est poli, au contraire, d'arrêter les yeux sur le bouton fermant en haut et à gauche la robe de soie.

Ne pas s'adresser à autrui en termes laudatifs, ne pas parler de soi-même en termes méprisants, sont considérés par nous comme une insolence notoire. Ne pas poser de questions sur l'âge, le revenu annuel, le nombre de fils, le but du voyage, le prix de divers ornements ; répondre par une simple affirmation ou par une simple négation, en ne répétant pas les termes de la question; parler à un égal sans descendre de cheval ou de palanquin (1), sont autant d'infractions à la déférence que se doivent des gens bien élevés.

Et je ne fais qu'indiquer vos fautes les plus fréquentes. Etiquette ridicule! dites-vous. Pas pour nous, et notre mépris frappe d'emblée celui qui ne se conforme pas à notre code de cérémonial.

***

Ce mépris devient une vive irritation en présence du langage agressif de vos journaux et de vos

(1) Si deux cortèges officiels se rencontrent, l'étiquette exige que les mandarins descendent de leur chaise à porteurs et se saluent. Il est avec cette règle des accommodements. Les coolies porteurs de grands éventails courent interposer ces écrans entre les palanquins de leurs maîtres, et, par convention, ces derniers ne se voient point.

livres. Leur responsabilité est lourde dans les événemenfs de 1900. Nous avons lu, la rage au cœur, *The break up of China*, de Lord Beresford, et *China in decay*, de Krauss.

Depuis des années déjà, vos journaux en Chine et en Europe dénonçaient « la pourriture chinoise » et proposaient le dépeçage de « l'homme jaune malade ». Les passages les plus significatifs avaient été, comme vous le pensez bien, traduits en notre langue (1). Nous avions vu sur vos cartes les futures zones d'influence et nous nous rappelions les paroles prophétiques de notre illustre philosophe Mêng Fou tze (2) : « Ce que veulent les Barbares, c'est notre territoire. » La façon ouverte dont se

(1) C'est ainsi que les hommes d'Etat chinois ont pu tirer parti du mouvement d'opinions qui s'est manifesté en Angleterre contre la marche des Russes vers le Sud et contre celle des Français vers le Yun Nann

(2) Mencius. Il naquit au royaume de Wéi, quatre-vingts ans après la mort de Confucius,et fut l'élève de Tsenn-Seu, petit-fils de cet illustre philosophe. Il censura avec violence le gouvernement du roi de Wéi : « Vos serviteurs sont bourrés de viande. Vos chiens, vos chevaux, vos pourceaux sont gras, tandis que vos sujets portent sur le visage la pâleur de la faim. » Ses écrits exaltent les vertus des premiers empereurs et flagellent les princes sanguinaires. Sa philosophie recommande le juste milieu, la modération. L'homme est né vertueux, mais il a été corrompu par l'exemple. L'âme, la vie future, Dieu, sont des problèmes insolubles. Mencius mourut en 314 avant Jésus-Christ.

discutait le partage prochain de notre pays eut son utilité; elle montra les iniquités sans nom auxquelles on pourrait en venir un jour. Mais elle accentua encore les haines et la colère contre l'étranger. Elles furent bientôt portées à leur comble par la mainmise opérée sur des portions de notre territoire.

C'est alors que nos dirigeants, frémissant des blessures reçues et des humiliations subies, voulurent mettre fin à leur intolérable situation, et la croisade anti-étrangère commença.

Ne vous y trompez donc pas : pour nous, les Boxers (1), qui jouèrent un rôle prépondérant dans ce grand mouvement nationaliste, sont d'aussi bons patriotes que Guillaume Tell résistant au tyran Gessler.

* * *

Mais laissons de côté les attaques contre notre gouvernement et contre la « pourriture chinoise ». Les autres erreurs de vos journaux et de vos livres sont légion. Vos écrivains ont passé condamnation

(1) Membres de la Société secrète des « I Ho Kwann » (poings associés patriotes). Ils se fusionnèrent avec diverses sectes, comme les « Tâ Tao Tchouei » (grands couteaux.) Ils étaient nationalistes et voulaient massacrer les étrangers et les chrétiens. Ils croyaient se rendre invulnérables par l'auto-suggestion et l'emploi de formules magiques.

sans accorder de circonstances atténuantes Ils n'ont pas compris l'âme chinoise; ils n'ont même pas cherché à la comprendre.

La grande majorité de ceux qui ont jugé nécessaire d'écrire sur la Chine et les Chinois n'ont passé que quelques semaines parmi nous, dans les concessions des ports ouverts du littoral, et n'ont pas essayé d'échapper à la servitude des idées toutes faites. Il en résulte que nous retrouvons partout les mêmes redites ineptes et les mêmes appréciations générales, pour la plupart entachées d'erreur.

Pour comprendre l'âme d'un peuple, il faut s'établir au milieu de lui, s'efforcer de sympathiser avec lui, faire table rase des idées préconçues, qui faussent l'observation.

Ce sont elles qui ont dicté le jugement porté par Donnet (*En Chine*) sur la vie oisive des mandarins, et les pages où Loti insiste sur le manque de vitalité des Japonais (*Madame Chrysanthème*).

Faute de sympathie initiale, faute d'observations lentes et consciencieuses, vos littérateurs nous ont jugés superficiellement et mal. C'est un grief de plus à ajouter à l'amoncellement des autres.

* * *

Voilà, vénérable vieillard Ha, mes opinions en ce qui concerne nos griefs. J'en ai parlé sans amertume, en essayant d'être juste.

□ □ □ □

Deuxième Partie du Chapitre Ier

□ □ □

Erreurs
et
Fautes Occidentales

qui ne constituent pas des griefs pour

LES FILS DE HAN

□ □

« Balayez la neige qui
» est devant votre porte
» et ne vous occupez pas
» du givre qui recouvre
» le toit du voisin. »

(Proverbe chinois du Nord.)

WENN TCHAO LANN prit la fiole de jade suspendue à sa ceinture, à côté de son porte-montre et de son étui à lunettes. Il me la présenta avec déférence. Puis il en retira une cuiller minuscule chargée de tabac à priser et la vida sur l'ongle du pouce gauche qu'il porta aux narines, en renversant un peu la tête. Rejetant, par de petits coups de ses doigts effilés, les quelques grains tombés sur sa tunique brodée, il reprit :

Vénérable frère aîné Ha, je ne veux pas que mes paroles prennent des allures de réquisitoire. Permettez-moi cependant de vous dire qu'en Occident, je vois beaucoup d'abus à blâmer.

***

La fraternité des Barbares d'Occident
Duel du Général Boulanger
avec J.-G. Cavaignac

Qu'avez-vous fait de l'amour filial? Bientôt, cette vertu fondamentale, si exaltée par le « Livre des rites », les « Analectes de Confucius » et le « Classique de la piété filiale », ne se trouvera plus en Europe qu'à l'état exceptionnel. Elle sera démodée au même titre que la crinoline et la fraise.

Vous parlez continuellement de fraternité. Vous écrivez ce mot partout, comme nous traçons le caractère « fou », bonheur (1). Cependant votre presse retentit de cris de haine : haines de races, haines de nations, haines de partis, haines confessionnelles, haines

(1) Partout, sur du papier rouge, est tracé le mot prestigieux : sur les portes, les fenêtres, les armoires, sur les ballots et les coffres du marchand, la charrue du laboureur... Entrez dans une maison chinoise. La porte est disloquée, le délabrement est lamentable, le papier des fenêtres est déchiré. Des enfants pouilleux agacent un chien famélique. A la porte, un pourceau noir fouille de son groin les immondices. Mais le mot « bonheur » se trouve partout. C'est la félicité par persuasion. Les Chinois se considèrent

de sectaires. N'ai-je pas vu des procès entre frères? Une fraternité touchante unit les Turcs aux Arméniens, les Polonais aux Russes, les réactionnaires aux anarchistes! Je n'entends parler que de guerres, d'émeutes, de répressions, de paix armée, de défense de frontières. Ne suis-je pas autorisé à vous dire : « Votre fraternité n'est qu'un mot? »

Il me semble que ce sentiment existe dans nos gildes, à un degré plus élevé que dans la société occidentale. Je fais exception pour vos œuvres de charité, phénomènes isolés si l'on considère le nombre et le champ d'action restreints de vos institutions secourables.

Vous parlez de charité, mais je n'ai vu nulle part l'esprit de dénigrement développé autant qu'en Europe. Que de gens dans le vocabulaire desquels la bonté s'appelle de la faiblesse, la persévérance de l'entêtement, la politesse de la flatterie!

Il n'y a pas de mot qui soit prononcé plus souvent en Occident que le mot « liberté ». Mais, d'autre part, j'entends parler de repos obligatoire, de service militaire obligatoire, d'instruction obligatoire, de langues obligatoires...

Vous parlez du respect de la loi? J'ai lu les

comme la nation la plus heureuse, alors que la misère les étreint du berceau à la tombe. La même auto-suggestion se constate dans les noms enchanteurs donnés aux ruelles infectes des cités chinoises.

journaux anarchistes. Les nouvelles sont arrivées jusqu'à nous des meurtres d'Alexandre II, de Lincoln, de Mac Kinley, de Carnot et de tant d'autres nobles victimes de la propagande par le fait. En outre, périodiquement, des émeutes ouvrières ou politiques secouent vos sociétés. Vous critiquez le fonctionnarisme et le népotisme qui sévissent chez nous : vous en souffrez aussi. Vous vantez votre régime constitutionnel. Pourtant, nous n'envions pas les excès de langage de vos discussions parlementaires, où les pires injures assaillent un homme qui ne partage pas votre manière de voir.

Notre régime est plus démocratique que les organisations occidentales. L'abîme est moins grand entre un coolie et un « tsong tou » (vice-roi) qu'entre un ouvrier de Londres et un lord. Le père de Wênn Gsiang était un pauvre paysan et celui de Shenn Pao shen, un marchand ambulant ; le puissant vice-roi Wann Shi kaï, fils de coolie, occupe un rang plus élevé que les princes impériaux, et la liste des cas analogues est longue. De plus, la distance entre le riche et le pauvre est moins grande en Chine qu'en Occident (1).

Vous parlez de patriotisme et vous dites que ce

(1) La richesse est une source d'anxiété en Chine. Les magistrats n'attendent qu'une accusation, fausse ou non, pour arrêter un homme riche. Des listes de souscription (soi-disant pour bâtir un pont, réparer une route) lui sont

sentiment n'existe pas chez nous. Mais n'est-ce pas, en Europe, un phénomène tout récent, qui date de la formation des grands Etats modernes ?

N'a-t-on pas vu d'ailleurs la haine, entre gens d'une même nation, atteindre pendant l'affaire Dreyfus un diapason extraordinaire? Qu'est-ce que ces histoires de traîtres, étouffées ici, étalées là?

DÉTESTABLE EXEMPLE DONNÉ PAR DES MATELOTS IVRES, DANS LA CONCESSION INTERNATIONALE DE SHANGHAÏ.

Vous parlez de moralité : j'ai vu des hommes et des femmes ivres dans vos rues, où le nombre des

envoyées par les magistrats locaux. Malheur à lui s'il ne souscrit pas la forte somme ! On fait chanter le pauvre riche, que la crainte des extorsions poursuit jour et nuit.

débits de boissons fortes est déconcertant. Dans toutes les classes de la société, sont consommées des quantités énormes de porto, de vin, de genièvre, d'alcools de toute espèce.

Et c'est un spectacle banal de voir les membres d'un club de Shanghaï, qui sortent ivres du bar, tituber sous l'effet des cocktails et des whisky-sodas.

Certaines de nos provinces comme le Ché Kiang, le Fo Kienn, le Kwang Toung, le Shann Si, le Kann Sou, le Hou Pêh, ont une triste réputation au point de vue du nombre des infanticides. Mais je me suis laissé dire, par des médecins occidentaux, que les cas de fœticides étaient extrêmement féquents dans l'ancien et le nouveau monde.

LA MORALE PRATIQUE DE BEAUCOUP D'OCCIDENTAUX N'EST PAS ÉDIFIANTE :
Européens fumant l'opium dans un bouge.

Certes, vous avez une morale théorique très élevée, mais la morale pratique d'un bien grand nombre n'est pas édifiante (1). On ferait un lamentable relevé de la prostitution ouverte ou clandestine dans vos grandes villes. A Shanghaï, dans la concession internationale, le nombre des bouges est une honte. On ne voit pas chez nous, comme en Occident, des courtisanes faire la mode, avoir les plus beaux équipages, étaler un luxe dont l'influence est délétère et grandir en célébrité à mesure que s'élève le nombre d'hommes ruinés par elles. Les « yatow » (filles esclaves) de cette catégorie, loin d'être chez nous des idoles, sont des parias et leur nom n'est pas dans toutes les bouches. Nos journaux ne s'occupent pas des lorettes et ne publient pas leurs portraits. On ne se tue pas, on ne se ruine pas, on ne se déshonore pas pour elles. Nous nous marions jeunes, car c'est la condition *sine qua non* pour entrer en jouissance de l'héritage paternel.

Vous parlez d'honnêteté. C'est magnifique! Et

(1) C'est vrai, mais les aberrations effroyables du vice dans la Chine du Nord (voir un article du Dr Matignon dans la *Revue d'anthropologie criminelle* du 15 janvier 1899) n'ont jamais existé en Europe qu'à l'état d'exception. L'homme en qui le reflet des principes du Christianisme existe encore et qui n'a pas perdu toute notion de l'honneur ne tombe pas si bas

Laissant de côté ces aberrations, il y a lieu de noter que la famille chinoise est entachée par le concubinage et la famille thibétaine par la polyandrie.

le Panama? Et les scandales qui amenèrent la cassation des consuls américains à Shanghaï et à Canton en 1905? Et les administrations des grandes villes américaines comme Chicago, San Francisco et Cincinnati? J'ai lu, de Lincoln Stephens : *The Shame of the Cities*, ainsi qu'une étude de J.-M. Tarbel, parue dans le *Mac Lures Magazine*.

C'est édifiant : la folie de l'argent anéantit le sens moral. Magnifiques aussi, les caractères de probité mis en lumière dans les scandales Wilson et Humbert et dans l'affaire Dreyfus. Vous me direz que ce sont là des phénomènes isolés. Peut-être, mais combien fréquents (1)!

Vous ne trouvez pas de terme assez violent pour

(1) Mais le nombre de gens complètement honnêtes, honnêtes jusqu'à la délicatesse la plus scrupuleuse, est grand en Occident, tandis que la plupart des Chinois touchent sans hésiter la commission illicite, le « squeeze ».

On cite quelques hauts dignitaires qui conservèrent les mains nettes : le marquis Tseng, le vice-roi Shenn Pao chenn, qui s'immortalisa par la destruction du railway de Woosoung. Il faut ajouter Tchang Cheu toung à cette liste fort courte. On sait que Li Houng tchang laissa une fortune fantastique.

Si les grands marchands tiennent scrupuleusement parole, les petits entrepreneurs, par contre, doivent être constamment surveillés.

Les domestiques volent rarement de l'argent, parce que, naturellement soupçonneux, ils craignent toujours qu'un piège leur soit tendu. Les choses sur lesquelles un « boy »

flétrir nos prisons. Certes, ce sont des enfers, mais permettez-moi cependant de vous renvoyer à une étude de Charles Reid sur les prisons anglaises au XIXe siècle (1856). Elle peint l'horrible traitement des convicts à l'île de Norfolk, à Port Macquarie, à Williamstown, notamment sur le fameux ponton *Success* (1).

Les améliorations de votre régime pénitencier

a jeté son dévolu sont enlevées d'abord de leur place habituelle. La disparition est provisoire : en cas de nécessité, l'objet se retrouve. Après quelques semaines, le domestique le porte à un mont-de-piété de la cité chinoise.

Voici un trait assez caractéristique. En 1905, à Canton, les douanes impériales et le télégraphe chinois, rouages gouvernementaux, refusaient, en alléguant l'infériorité frauduleuse du titre, les pièces de 5, 10 et 20 cents frappées par ordre du vice-roi à la Monnaie de Canton. Les subdivisions du dollar anglais de Hong-kong étaient acceptées partout et faisaient prime

(1) En 1838, le Révérend Ullathorne, ancien chapelain des îles de Norfolk, qui devint évêque catholique de Birmingham), fit la déposition suivante devant la Chambre des Communes : « Comme je lisais les noms de ceux qui devaient mourir, l'un après l'autre, dès que je prononçais leur nom, tombèrent à genoux et remercièrent Dieu de ce qu'ils allaient être délivrés de leurs souffrances, tandis que les autres restaient debout et pleuraient silencieusement. »

Le capitaine Forster Fyens, gouverneur de Norfolk, racontait au docteur Morisson une histoire cruelle : Douze convicts essaient de fuir de Norfolk. Le conseil de guerre rend contre eux une sentence de mort et télégraphie à Sydney pour ratification. La réponse fut laconique : « Pendez-en la moitié ». Le hasard fit que six condamnés

sont récentes. Vos écrivains l'oublient trop dans leurs déclamations contre nos prisons et nos sanctions judiciaires. Ils ne tiennent aucun compte non plus de notre apathie nerveuse.

Vous critiquez notre saleté, mais votre besoin de propreté est un phénomène tout récent Saint-Simon, décrivant la cour du « Grand Roi », nous renseigne à ce sujet.

Vous parlez de notre duplicité Je ne crois pas que beaucoup de traits de notre histoire valent sous ce rapport le célèbre faux d'Ems!

La conclusion, vénérable frère aîné, je vous la laisse tirer vous-même. Vous avez voulu mon opinion sincère et entière. Si j'ai erré, pardonnez à l'inintelligence de votre frère cadet dont la stupidité et l'inexpérience sont grandes.

J'ai parlé ce soir longuement et à cœur ouvert. Je donne ainsi une grande preuve d'entière confiance à l'homme de tact, d'intelligence et d'esprit, que je sais être mon grand, noble et très vieil ami Ha tâ jenn...

La nuit était venue. Les veilleurs commen-

demandèrent à mourir. Mais Forster Fyens fit exécuter ceux qui voulaient leur grâce, et racontait la chose en riant.

çaient leurs rondes, et leurs signaux rythmés (1) arrivaient jusqu'à nous. Je pris congé du préfet et lui fis mes adieux.

Nous portâmes à nos lèvres nos tasses de thé devenu froid. Elevant la voix, le Tâ Kwann, pour me donner un témoignage public de sa déférence extrême, donna l'ordre de faire entrer la chaise à porteurs le plus en avant possible dans le « yamênn », c'est-à-dire jusqu'à la porte « ki linn mênn ».

(1) Deux coups sur le « pang tze » ou claquoir en bambou, puis deux coups sur la cymbaline; un silence de quatre à cinq secondes, puis le même signal se répète.

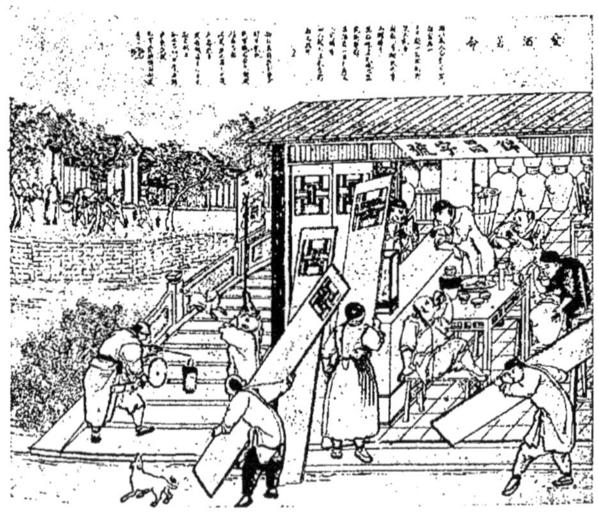

LE PANG TZE ET LA CYMBALINE DU VEILLEUR DE NUIT

Malgré mes vives protestations, Wenn Tchao lann me reconduisit jusque-là. Nous échangeâmes le « tso i ». Sur l'invitation de Wenn, je montai en palanquin, mais, avant de m'asseoir, j'exécutai un dernier « tso i ». Alors, avec un cri guttural, les quatre porteurs saisirent les brancards de la chaise et se mirent en marche.

A la lueur des grosses lanternes (1) sphériques de papier huilé, les coolies m'emportèrent, d'un pas pressé, par les ruelles obscures et fétides au pavé gluant, vers le tribunal du « tchi hsienn » (2), où j'occupais la chambre délabrée et vermineuse réservée aux étrangers de distinction.

(1) Ces lanternes sont appelées « taï teung ». Elles sont fixées à une hampe.

(2) Sous-préfet.

CHAPITRE II.

LA
DECOUVERTE DE L'EUROPE
PAR UN FILS DE HAN.

REMARQUES DE S. E. HO KOUEI FANG

Mandarin de l'ordre " yi ping kouann " du degré " tsong yi ping ", " Yong lou tâ fou " (1), censeur pour la région du Chann Toung, petit tuteur du prince héritier, décoré de la Jaquette jaune, autorisé à monter à cheval dans l'enceinte de la cité violette défendue, ancien gouverneur du Hou Nann, Haut Commissaire impérial envoyé en mission au delà des quatre mers,

SUR CELLES DE NOS COUTUMES QUI LUI ONT PARU REMARQUABLES OU RIDICULES.

(1) Yong lou tâ fou est le titre honorifique des dignitaires civils du deuxième degré du premier ordre. Ils portent le globule de corail rouge sur le chapeau et la grue de Mandchourie (hsienn ho) sur le « poufou » (écusson poitrinal).

Le titre de « Petit tuteur du prince héritier » (Taï tzou shao pao) donne droit également à celui de « Gardien du Palais » (Koung pao).

C'ÉTAIT par une froide matinée d'octobre. Le ciel était tendu d'un vélum sombre et le vent de Mongolie soufflait par rafales. La vieille cité de Si Ngann fou (1) semblait morte : selon les prescriptions des rites, les habitants étaient rentrés chez eux, les portes étaient fermées et les volets clos, car le cortège impérial allait sortir de la ville par la porte Pei Menn (porte du Nord).

A l'heure fixée par les astrologues, dès archers vêtus de jaune débouchent à cheval sous la voûte

(1) Capitale du Shensi et ancienne capitale de l'Empire La Cour s'était enfuie de Pékin en août 1900; elle repartit de Si Ngann fou le 6 octobre 1901 pour arriver à Pékin le 7 janvier 1902.

de grès rouge. Derrière eux marchent les fantassins du général Tchang Koucy li, qui sont armés de fusils à répétition, baïonnette au canon. L'uniforme de ces hommes de pied comporte une veste (yunn ki mâ koa) rouge, boutonnée de côté et ornée d'un large galon de velours foncé, un pantalon bleu serré aux chevilles et des bottes d'étoffe noire. Les officiers de la Grande Écurie précèdent trois escadrons disciplinés et silencieux, arborant l'uniforme bleu sombre des troupes de Wann Shi kaï. Des hérauts portent des « pao kaï » (1) et des drapeaux jaunes à dragons violets.

Viennent ensuite un groupe d'eunuques montés sur des poneys. Leurs étrivières sont très courtes et ils s'accrochent à leurs rênes de leurs bras débiles. Leur « tsienn i » (2) jaune doublée de peau d'agneau est relevée en bourrelet autour de la ceinture. Un groupe de maréchaux tartares chevauchent devant les princes du premier rang.

(1) « Pao kaï » : insignes impériaux et mandarinaux qui ont la forme d'un dais circulaire fixé sur un bambou de trois à quatre mètres de long. Si les noms des donateurs sont brodés sur le pourtour de ces baldaquins, ceux-ci sont appelés « wann minn shann » ou « parasols des dix mille noms ».

(2) « Tsienn i » : robe extérieure fourrée qui tient lieu de manteau

Le prince Tchouenn (1), le prince Pou Tsunn (2), le grand-secrétaire Young Lou, le grand-eunuque Lou Lienn yenn, le vice-roi Wann Shi kaï montent des mules richement caparaçonnées. Ils entourent un palanquin jaune clair, orné de zibeline, dont les brancards sculptés se terminent par des têtes de chimère d'or et reposent sur les épaules de huit hommes en manteaux rouges.

Dans cette chaise à porteur, l'Impératrice douairière Gseu Hi est assise, vêtue d'un manteau « pou koua » jaune d'or bordé de renard blanc. Le visage tout ridé de la souveraine est enduit d'une couche de fard et ses cheveux teints en noir de jais sont chargés de bijoux incrustés de perles, de jade et de diamants.

Un palanquin semblable à celui de l'Impératrice Gseu Hi transporte l'Empereur Kouang Su, soucieux et morne. Il est enveloppé du manteau « wai tao » cramoisi boutonné de côté et bordé d'isatis. Il est coiffé du bonnet de fourrure dit « tong tchao mao » qui porte un bouton de corail foncé. Des eunuques entourent le palanquin de la

(1) Il fut envoyé à Berlin pour y exprimer les regrets de l'Empereur de Chine à propos du meurtre de von Ketteler, ministre d'Allemagne.

(2) Fils de Tuann et ancien Eko (héritier présomptif). A la demande des puissances, il a été dégradé de son titre.

jeune Impératrice, celui de la première « Houang fei » (1) et les charrettes (2) des princesses faisant partie du harem impérial.

Viennent ensuite des « pao kaï » en soie de couleur vive, puis des « lou ni kiao » (3) et des chaises innombrables vertes, bleues, noires, à trois ou deux coolies, qui transportent des ministres, des censeurs, des historiographes, des astrologues, des secrétaires et des serviteurs. Enfin, les cavaliers du général Ma Yuh koun escortent plus de deux mille chariots de bagages.

Les sabots des chevaux et les pas des porteurs soulèvent d'épais nuages de poussière grise...

Comme je traversais, quelques jours plus tard, Si Ngann Fou, me dirigeant vers Lang Tchéou, un bouquiniste, auquel j'avais eu recours précédemment, m'offrit en vente un manuscrit qui avait été

(1) C'est la première concubine, appelée aussi « Houang kwei fei »; ce titre est hautement convoité. Les autres concubines comprennent les quatre « kwei fei » ou concubines du 2me rang, les soixante-douze « fei » ou concubines du 3me rang, les quatre-vingt-quatre « pienn » et les cent vingt « kwei jenn » (concubines des 4me et 5me rangs). Ces chiffres sont basés sur des renseignements incomplètement sûrs.

(2) Ces charrettes, montées sur deux roues, sont généralement attelées d'une mule; la distance de l'essieu au brancard est d'autant plus grande que le rang du propriétaire du véhicule est élevé.

(3) « Lou ni kiao » : chaise verte à 8 ou 4 porteurs, réservée aux mandarins des deux degrés supérieurs.

UN COIN DE LA CITÉ DE SHANGHAÏ : JARRES DITES « POTS A BEURRE » ; MARCHAND DE POISSON SEC ; MALPROPRETÉ DU SOL.

FOSSÉ ENCOMBRÉ DE DÉTRITUS, A SHANGHAÏ.

(Texte, page 123, alinéa 2.)

La saleté des cités chinoises est inexprimable

« LES RUES D'OCCIDENT SONT BIEN ENTRETENUES »

perdu par l'un des dignitaires de la suite des Souverains. Les recherches que j'ai faites pour déterminer le propriétaire de ce document furent vaines. La traduction fidèle de ces pages manuscrites est donnée ci-après; elle serre le texte chinois d'aussi près que possible.

***

« Il a été fait du présent manuscrit un petit nombre de copies qui ont été remises à nos grands « Wang Tzou » (princes impériaux) et aux plus illustres lettrés de Pékin. Ceux qui n'ont pas eu, comme moi, le malheur d'être envoyés en exil chez les Barbares, loin de la délicieuse « terre des fleurs », pourraient, à la lecture de ces pages, sourire avec incrédulité. Aussi, moi, tout jeune et indigne, je supplie humblement

« IL FAUT RENDRE CETTE JUSTICE AUX BARBARES : LES RUES DE LEURS VILLES SONT BIEN ENTRENUES. »

Impasses habitées par des Chinois riches qui apprécient les avantages de la concession internationale de Shanghaï. (Texte, page 123)

les illustres « Kwang » à qui j'ai respectueusement soumis ces quelques remarques de bien vouloir les considérer comme l'expression de la vérité, si étranges que certaines d'entre elles puissent paraître.

***

» Tout d'abord, il faut rendre cette justice aux Barbares de l'Ouest : les rues de leurs villes sont bien entretenues; tous les jours une armée de balayeurs, d'arroseurs, de charretiers enlèvent les détritus mieux que ne pourraient le faire les chiens, les porcs et les busards. Un grand nombre de statues de pierre et de bronze ornent les places et les squares (1). Au lieu d'élever des « païlo », de donner des titres posthumes, d'aligner près des tombes des allées d'animaux de granit, les occidentaux dressent sur les places publiques une image de leurs grands hommes et donnent leurs noms à des rues. On ne laisse pas tomber les monuments en ruines faute d'entretien.

(1) L'art statuaire en Chine est réduit à peu de chose : personnages et animaux de pierre (chevaux, chèvres, chameaux, éléphants) rangés le long des allées conduisant à une grande tombe; lions de bronze ou de pierre dans la cour des temples, dans les jardins de l'Empereur ou devant la porte des « yamênn; » idoles de plâtre; colonnes sculptées et bas-reliefs.

« EN EUROPE, ON NE LAISSE PAS TOMBER LES MONUMENTS EN RUINES FAUTE D'ENTRETIEN. » (Texte page 123)

Ce « païlo » vient de s'écrouler; les débris sont au pied des piliers de gauche.

» De nombreuses forêts existent en Europe, car les lois défendent les déboisements (1). Il y a là des matériaux de construction inutilisés dont la

(1) Les Chinois coupent les arbres partout où il s'en trouve, sauf près des temples. Un ingénieur belge, consulté sur le renforcement des digues du Fleuve Jaune, avait recommandé des plantations de saules. Dès que ceux-ci atteignirent la grosseur d'une canne, les villageois dont ces digues protégeaient les champs vinrent couper ces arbres. Par suite de ces dénudations générales, les terres si friables appelées « loess », non retenues par les racines, sont entraînées dans le lit des rivières, dont le fond s'élève peu à peu au-dessus de la plaine voisine. Si les digues qui bordent les fleuves viennent à se rompre par suite de leur mauvais état d'entretien, il en résulte des inondations désastreuses. En outre, de terribles sécheresses sont causées par ces défrichements. Je n'ai vu de forêts qu'à la frontière du Kwei Tchow, région dont Pu Sé est le

Bel état d'entretien des monuments chinois

(Texte page 123.)

PAGODE DE WOU HOU, SUR LE YANGTSÉ KIANG

LEI FENG TÂ, PAGODE DU PIC DU TONNERRE A HANG CHOW.
Pagode réduite à son axe et « païlo » en ruine.

valeur s'élève à des millions de sycies (1). Ces Barbares sont des gens peu pratiques.

» Dans les villes, une canalisation distribue l'eau pure, qui se boit crue et froide (2). Les vénérables

centre. Mais avant peu d'années, elles auront disparu. D'immenses radeaux descendent continuellement le Yuenn et le Siang. Il ne reste de beaux arbres que

D'IMMENSES RADEAUX DESCENDENT CONTINUELLEMENT LE YUENN.
Vue prise sur le Yuenn supérieur, près de Tseun Tchow, rive gauche.

loin des torrents, car leur transport est trop coûteux.

(1 Sabots d'argent du poids approximatif de 5 taëls (5 onces). La valeur de l'once ou taël d'argent a varié de 1901 à 1908 entre fr 2.85 et fr. 3.90.

(2) Les Chinois considèrent l'eau froide comme un poison mortel. C'est souvent vrai en Chine, où sévissent le

lecteurs de ces méprisables pages se souviennent des offres faites à Kwang tâ jenn, le « taotoï » de Shanghaï, par une Compagnie étrangère qui proposait d'étendre à la Cité le service des eaux de la Concession internationale. Kwang répondit qu'il lui était agréable de boire de l'eau contenant quelque chose, et les Barbares cessèrent de tracasser nos autorités à propos de cette question.

» Les maisons d'Occident ont des caves et sont très élevées, au point qu'on peut mettre fin à ses jours en se jetant de leur faîte (1). Toutefois, un confucianiste réprouvera ce mode de suicide, qui abîme le corps. Ils n'ont pas reçu l'enseignement de Confucius et ne savent pas que le premier devoir filial est de conserver intact le corps reçu de ses parents. Ils ignorent que les opérés doivent emporter soigneusement les dents qui leur ont été arrachées et les tumeurs qui leur ont été enlevées : elles seront placées dans le cercueil, lors des funérailles.

» Les hauts édifices d'Occident seraient considérés « sous le ciel » comme destructeurs des bons « fengshui ». Le vol des bons « Tchenn », qui descendent

typhus, la dysenterie et le choléra. Aussi boit-on de l'eau chaude ou une infusion de feuilles ou de pédoncules appelée « tchâ » (thé) qui n'a souvent du thé que le nom.

(1) Cette idée devait venir à un Céleste, vu la fréquence des suicides en Chine.

LES TROIS SŒURS
Route de Kâ shing à Hang Tchow.

jusqu'à cent pieds du sol, doit, en effet, se trouver gêné par ces obstacles. Mais, là-bas, personne ne fait attention aux influences si connues du sol et des génies, admises cependant par nos lettrés et nos sages les plus illustres. C'est inimaginable.

» Il en résulte qu'au lieu d'élever une pagode pour se protéger de la peste, du choléra ou des inondations, les Occidentaux dépensent des millions en égouts et en digues. La seule excuse des Barbares est leur ignorance. Ils ne savent pas qu'une pagode éloigne les fléaux, attire la prospérité et fait réussir les candidats du district aux examens littéraires pour les services civils. Les Européens n'ont pas, comme nous,

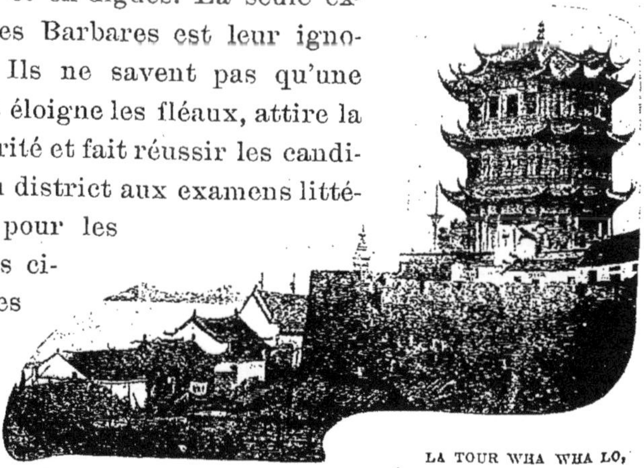

LA TOUR WHA WHA LO, BÂTIE SUR LA TÊTE DU DRAGON DE WOUTCHANG.

(Texte, page 129.)

constaté ces faits au cours d'une expérience multimillénaire.

» Ainsi, pendant la dixième année de « Kouang Su » (1884), la tour à quatre étages, dite « Wha Wha Lo », à Hankow, fut détruitepar le feu. Elle avait

INCENDIE DE LA TOUR WHA WHA LO.

été bâtie au temps des Ming, sur la tête du dragon de Wou Tchang (1). L'hiver suivant, un énorme

(1) Les Chinois croient et disent que la prospérité de Hankow, Hanyang et Woutchang les trois villes bâties au confluent du Yang Tsé et du Han) est due à ce fait que le dragon et la tortue s'unissent harmonieusement pour former un « fengshui » parfait.

Sur la rive gauche du fleuve, la colline dite « piè shann »

« Po cheu ta » (Tour de la pierre précieuse) a Sou Tchow.
(Page 128.)

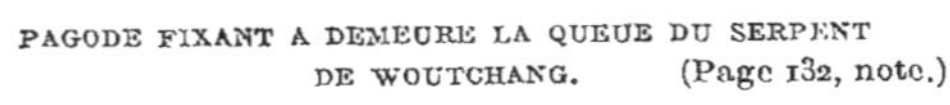

PAGODE FIXANT A DEMEURE LA QUEUE DU SERPENT DE WOUTCHANG. (Page 132, note.)

Une pagode éloigne les fléaux,
attire la prospérité
et fait réussir les candidats du district
aux examens littéraires.

(Page 128)

banc sablonneux de plus de trois « li » de long se forma en quelques jours (1). C'était prévu : le « loung wang » avait été troublé; la prospérité des trois villes allait finir. A la place des eaux pro-

forme la tortue. Un rocher dans la rivière au pied de cette ondulation figure la tête du monstre. Un temple à trois étages la fixe sur place. Ce roc produit un contre-courant

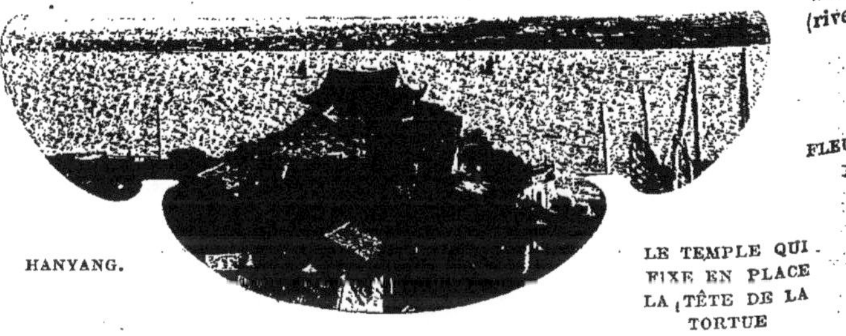

en aval et empêche ainsi le déplacement trop rapide du sort favorable amené d'amont.

Sur la rive opposée, se dessinent les replis d'un serpent gigantesque : c'est l'ondulation du sol dans la ville murée de Woutchang. L'extrémité de la queue est fixée sur le sol par une pagode. Le nez s'avance dans la rivière en une pointe rocheuse qui fait face à la tête de la tortue et provoque aussi un tourbillon en aval, le long de cette rive. D'où un contre-courant qui retient aussi les influences heureuses venant d'amont. Sur ce rocher fut bâtie la tour Hoa Hoa Lo dont parle Ho Koung Pao.

(1 Les faits sont exacts : l'eau du Yangtsé est extrêmement chargée de matière sédimentaire. Si une cause accidentelle vient diminuer la vitesse du courant en un point donné, un dépôt se forme. Cette cause était, en 1884, une crue extraordinaire du Han dont les eaux rencontrant celles du Yangtsé à angle droit, agirent comme une digue. Elles diminuèrent devant la rive gauche la vitesse du

fondes qui courent devant le quai de Hankow, un terrain sec s'étendait sur la moitié de la largeur du fleuve et les bateaux qui déchargeaient leurs marchandises le long des quais durent s'ancrer à deux « li » de là. L'année suivante, la pagode étant reconstruite, le banc disparut. Le danger était conjuré.

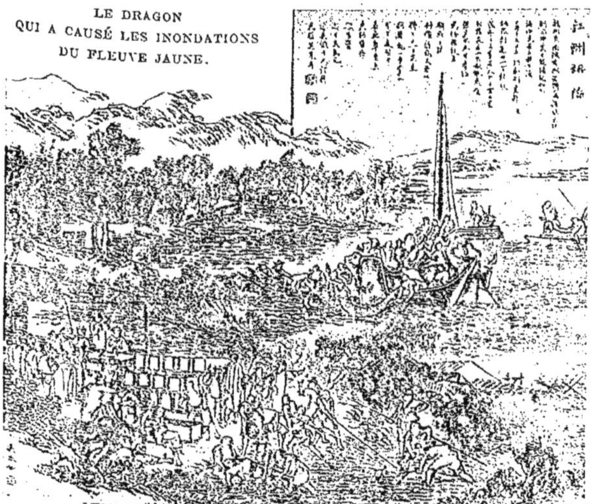
LE DRAGON QUI A CAUSÉ LES INONDATIONS DU FLEUVE JAUNE.

» Mais les Barbares ne s'inquiètent pas des animaux fatidiques, méprisent le tigre blanc et ne savent pas que le « Loung wang » (1) cause la pluie,

Fleuve Bleu sur un parcours de près de 1,500 mètres en aval du confluent du Han. Un banc se forma. Il fut démoli par le courant quand celui-ci reprit sa vitesse normale.

(1) Le « Loung wang » ou dragon est l'une des quatre

les inondations, la foudre, les tremblements de terre et les typhons.

» Et cependant, dans leur sotte ignorance, les étrangers ont l'air de se croire supérieurs à nous. Ainsi, lorsqu'un Chinois se promène en Europe, la foule des Barbares le regarde curieusement et l'entoure. La curiosité des femmes et des enfants est inlassable et insupportable. Quelques « yang kwei tz » (1) font même des remarques désobligeantes et de mauvais goût. C'est fort désagréable.

» Les Barbares ont bouleversé toutes les règles de la préséance et du respect. Croiriez-vous que, dans la rue, deux frères d'âge différent marchent à la même hauteur ?

» Les femmes sont plus respectées que les hommes. Déjà la chose m'avait été dite, mais jamais je n'aurais cru que cette aberration fût si générale et si profonde.

créatures surnaturelles ; les autres sont le « Feng wang » sorte de sphinx, le « Kilinn »,sorte de licorne, et la tortue. La tête du chameau, le bois du cerf, le cou du serpent, le ventre du lézard, les griffes de l'aigle, les pattes du tigre, tels sont les caractères du dragon ; il a 81 écailles disposées 9 par 9. Sa voix ressemble au fracas du gong. Sous le menton étincelle une perle brillante Le dragon se transforme à volonté, se rend invisible ou s'enfle de façon à remplir le ciel et la terre. Il se glisse sous les fontaines les plus profondes. Il joue un rôle immense et continuel.

(1) Littéralement : diables de l'océan ; barbares.

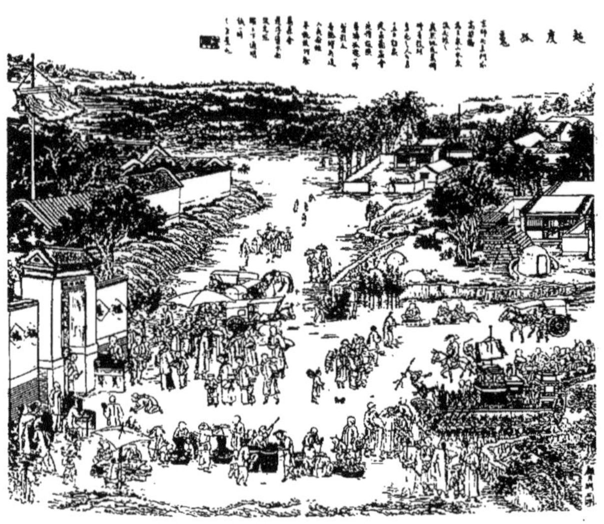

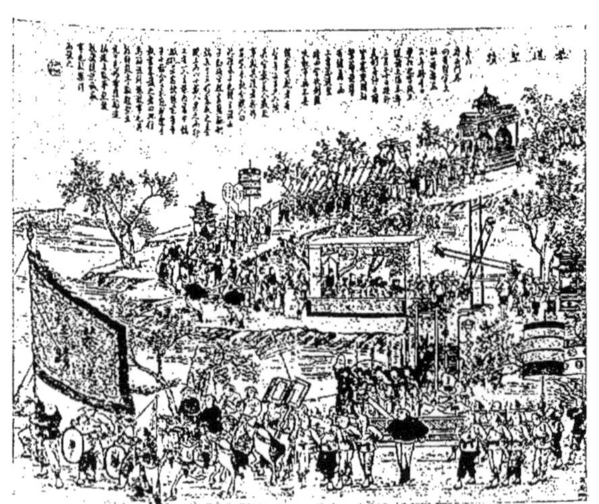

FÊTES EN L'HONNEUR DE CONFUCIUS.

(Page 136, note 1.)

» Ainsi, sur un trottoir étroit, l'homme cède toujours le pas à une créature inférieure. Le mari et la femme vont sans honte bras dessus, bras dessous, ou épaule contre épaule, dans la rue ou les jardins publics, et personne ne sourit.

» Un homme qui accompagne sa femme porte les paquets et personne ne raille. Voilà où en arrive l'homme qui n'a pas reçu les enseignements de Koung Fou tz (1) et des sages.

» Ce n'est pas tout : les hommes cèdent aux femmes la droite (place d'honneur en Occident); ils attendent à table qu'elles aient pris place, puis s'asseyent près d'elles, sont pleins d'attentions pour elles et ne fument pas en leur présence; une bru dîne en mêmet emps que son beau-père et est servie avant lui.

» Des hommes font visite à des femmes et leur écrivent; ils les saluent en se découvrant et en leur donnant la main. Il n'est pas mal vu de demander à quelqu'un comment se porte sa femme et de le prier de transmettre à celle-ci des hommages respectueux. C'est grotesque (2) !

» Dans les hôtels, qui ressemblent, soit dit en passant, à des palais princiers (3), les hommes et les

(1) Le philosophe Koung, Confucius.

(2) Ces marques de déférence à l'égard de la femme choquent toutes les idées chinoises.

(3) On sait combien les auberges chinoises sont sales.

MANQUE D'ENTRETIEN DES INTÉRIEURS CHINOIS.

(Page 139, note 1.)

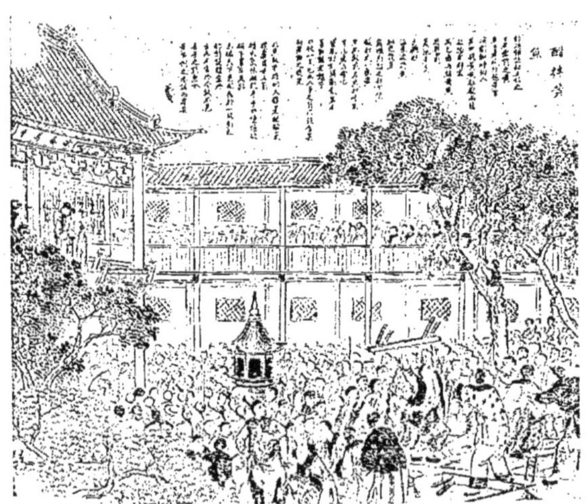

DANS L'ESPRIT DES CHINOIS, UNE IDÉE DE DÉCHÉANCE S'ATTACHE AUX PIEDS NORMAUX.

Au cours d'une représentation théâtrale, une femme dont les pieds ne sont pas liés est insultée par ses voisins. Une rixe surgit entre ceux-ci et l'homme qui accompagnait cette femme.

(Page 139, note 1.)

femmes prennent ensemble leurs repas en public. Les femmes servent dans les magasins et elles voyagent seules.

Il semble que ces gens-là aient pris un malin plaisir à adopter en toutes choses le contraire de nos usages.

***

Je n'en finirais pas de citer toutes les caractéristiques étranges des « Fann kwei » Ils portent de lourdes chaussures dont le talon résonne sur le pavé. Combien j'aime mieux la démarche silencieuse des fils de Han, chaussés de bottes à hautes semelles d'étoffe blanche !

Les pieds des Barbares sont très grands; leur race est moins fine et moins pure que la nôtre.

LES « KINN LIENN » OU « LIS D'OR DU FOYER ».

Les délicieux « kinn lienn » (1) n'existent pas, et ce n'est pas dans l'Ouest qu'on voit des chaussures de deux « tseun » de long (2).

Les Barbares enlèvent leurs chapeaux à l'intérieur, même en hiver, mais les gardent à l'extérieur, même en été; se découvrir est une marque de respect.

La plupart des hommes portent les cheveux courts et ne les rasent pas sur le front, ce qui les

(1) Les « kinn lienn » ou « lis d'or », nom donné par les poètes chinois aux pieds déformés de la grande majorité des chinoises, riches ou mendiantes. La chaussure recouvre seulement le gros orteil et le calcanéum, qui prolonge le tibia. Les autres doigts sont repliés sous le pied. Une fissure profonde sépare le talon de la plante du pied, qui est très incurvée. Les victimes marchent comme si elles s'appuyaient sur les talons; elles balancent les bras et précipitent le pas pour conserver l'équilibre, ou bien elles s'appuient sur l'épaule d'une suivante. La douleur pendant les six premières semaines est intense. Si le pied a été lié tard, la torture qui résulte des muscles forcés et des chairs excoriées est terrible. La malpropreté des intérieurs chinois trouve sa cause dans la coutume fâcheuse des « lis d'or ».

Les mandchoues, les filles publiques, les batelières de Canton, quelques chrétiennes et quelques ouvrières des régions productrices du thé ont les pieds normaux. Dans l'esprit des Chinois, une idée de déchéance s'applique à ceux-ci.

(2) Le « tseun » vaut le dixième du « chi »; le « chi » du Ministère du travail mesure 333 millimètres. A Canton, il atteint de 371 à 377 millimètres, selon les corps de métier. Le « tchang » vaut 10 « chi ».

fait ressembler à des prisonniers ou bien à des « ng tsok » (1). Cependant quelques artistes ou soi-disant tels portent la chevelure longue, ce qui fait sourire. C'est parmi les hommes et non parmi les femmes que la calvitie se constate le plus souvent.

INCONVÉNIENTS DE LA TRESSE.

Une bonne plaisanterie : des coolies ont attaché un de leurs camarades par sa tresse à des caisses de thé sur lesquelles il dormait et l'ont réveillé en allumant une mèche soufrée attachée à l'orteil. (Page 139, alinéa 3.)

Enfin, et ceci est un comble, de tout jeunes gens non mariés portent la moustache (2).

(1) Les « ng tsok » ou parias sont des mendiants plus méprisés que les autres. Ils ne peuvent faire partie des corporations formées par ceux-ci.

(2) Le contrepied de ces remarques est applicable aux Chinois. En hiver, ils conservent la tête couverte; en été, beaucoup d'entre eux sortent nu-tête. Pour recevoir une visite, il est indispensable d'être coiffé du chapeau de cérémonie; se découvrir est une impolitesse. Un grand nombre de femmes sont chauves; cette calvitie est due au laquage des cheveux et à l'usage continuel du bandeau frontal. Les hommes de moins de 40 ans ne laissent pas croître la moustache, à moins qu'ils soient grands-pères ; les tempes et le front sont toujours rasés. Seuls font exception certains bonzes, les « ng tsok » et les prisonniers.

Quand les femmes vont à la Cour, elles doivent se découvrir les épaules. Une poitrine développée et une taille fine sont considérées comme fort désirables ; aussi, dans le but d'amincir l'une et de bomber l'autre, une cage spéciale de fer appelée corset se porte sous la robe, mais les déformations qui en résultent sont très graves. Et dire que ces gens-là, ignorant ce qui est beau et bon, critiquent nos « lis d'or » !

CETTE CALVITIE EST DUE AU LAQUAGE DES CHEVEUX ET A L'USAGE CONTINUEL DU BANDEAU FRONTAL (page 140, note 2.)
MÊME LES FEMMES DU PEUPLE SE LIENT LES PIEDS. (page 139, note 1).

Le sans-gêne de certaines femmes est inimaginable : on les voit porter pince-nez en public et cela ne cause aucun scandale, alors que « sous le ciel » nos magistrats leur feraient appliquer cent coups de semelle de cuir sur la bouche.

Chose curieuse, les modes varient constamment. Il faudrait un gros album pour peindre les variations absurdes de la coiffure et du vêtement depuis quinze siècles. C'est une preuve de versatilité et d'extravagance.

Une de nos élégantes qui aurait le malheur d'être pourvue d'une chevelure naturellement frisée se donnerait toutes les peines possibles pour lisser et laquer celle-ci. En Occident, au contraire, les femmes ont recours aux artifices du coiffeur pour simuler les ondulations que la nature leur a refusées. Ces coiffures crépées sont horribles.

Un de nos proverbes dit : « Le lion porte la crinière, le paon mâle la parure : une toilette simple est le propre de la femme. » Eh bien, en Europe ce sont les femmes qui dépensent le plus pour leur toilette. On est effrayé du prix d'une belle robe chez un « grand faiseur » et des sommes dépensées en parures de brillants et de perles par des femmes trop connues.

Les robes moulent le corps. Que les longues tuniques carrées et les larges pantalons de soie brodés sont plus décents et plus élégants !

En tenue de gala ou de soirée, les « Yang kwei tz » portent tous un habit semblable d'une coupe étrange. Chose incroyable et choquante : les domestiques sont autorisés à endosser le même vêtement de cérémonie.

Sur la tête se porte une sorte de tube, parfois à ressort, mais toujours hideux. L'élégant éventail, d'un emploi universel « sous le ciel », n'est pas utilisé en Europe et ne fait point partie de l'équipement du soldat. Les manches des vêtements ne descendent pas sur les mains (1) et celles-ci sont recouvertes de sacs de peau blanche (2), car les Barbares ont choisi pour les fêtes et les cérémonies cette lugubre couleur de deuil.

Partout l'on retrouve cette teinte de mauvais augure : les robes de femmes, les nappes, le linge, tout est blanc. Il me semble toujours que je vais entendre les cris des pleureuses et les modulations précipitées des « lapa » (3).

Les « tao cheu » (4) me diront que c'est le

(1) Pendant les visites de cérémonie, les revers des manches sont rabattus et recouvrent entièrement les mains. Ces manchettes sont appelées « ma ti séou » (pied de cheval) à cause de leur forme.

(2) On n'imagine pas des gants convenant aux doigts griffus d'un lettré chinois. Les ongles atteignent parfois, en allant du pouce à l'auriculaire, 35, 60, 146 et 104 millimètres.

(3) Sorte de hautbois à 7 trous, dont le son est dur et très aigre; il est utilisé dans les cortèges funèbres.

(4) « Tao cheu » (littéralement maître de la raison), bonzes séculiers mariés, de la religion taoïste.

TAO CHEU.

moment de faire d'une façon invisible le charme conjurateur des trois cercles. Mais, quoi qu'il en soit, l'impression laissée par cette couleur funèbre est fort désagréable et favorise toutes les influences néfastes.

Combien nos tables de laque rouge ou noire et nos soies de couleurs vives sont plus gaies!

Dans le monde, des acteurs sont reçus et traités en gens de distinction. On fait fête à ces parias, exclus de nos examens, eux et leur descendance jusqu'à la troisième génération. Mes éminents frères aînés de la « Cité jaune » auront ici un sourire d'incrédulité, mais je répète que je n'invente rien (1).

L'assaut d'un buffet dans les grandes fêtes officielles donne une triste idée de l'étiquette. D'autre part, il est mal vu de cracher par terre et de montrer par des éructations combien il a été fait honneur au repas auquel on a été convié.

Ces Barbares sont un tissu de contradictions.

* * *

Quels divertissements étranges réjouissent les Barbares d'Occident! Cela s'appelle : bals, danses,

(1) Pourtant les Chinois aiment les théâtres. Le mépris qu'ils témoignent aux acteurs tient au mode de recrutement de ceux-ci.

garden-party. Couple par couple, les invités quittent leurs sièges, le monsieur serrant la taille de la dame, qui peut être la femme d'un autre; puis ils glissent, tournent, sautent, reculent, avancent, saluent, prennent des poses,

se pavanent, s'inclinent, se cambrent. C'est étrange, extravagant, ridicule et choquant, et cela a l'air de les amuser beaucoup.

Une autre coutume ahurissante est une manière bizarre de se quitter ou de s'aborder. Les Barbares mettent les lèvres sur les joues de leurs parents et font un bruit comme s'ils dégustaient du « chaohing » au « kwei hwa », ce vin de riz qui embaume l'olea fragrans, ou encore du « ginseng », cette racine médicinale merveilleuse, confit dans du sucre de canne.

Leurs poètes — car ils ont des poètes — ont composé des ballades sur cette étrange coutume.

UNE COUTUME AHURISSANTE : LE BAISER.

Un autre fait curieux que j'ai constaté en Occident est le grand nombre de « vieux garçons » et de « vieilles filles ». Le noble culte des ancêtres n'est pas en honneur et n'impose pas aux parents le devoir absolu de marier leurs fils aussitôt que possible. On ne voit pas en Europe, comme dans la Terre des Fleurs, des grand'mères de 30 ans. L'âge de mariage des vierges chinoises est 14 ans, ce qui signifie en réalité 13 ans, puisque nous comptons les années à partir de la conception. En Europe, au contraire, on se marie tard, et si l'épouse choisie ne donne pas à son mari toute satisfaction, le cas est fort grave, car les lois et la religion catholique rendent le divorce malaisé. De plus un, homme ne peut avoir qu'une seule femme; il est mal vu de prendre des concubines, même si l'on est assez riche pour se payer ce luxe. Les titres de deuxième épouse et de première concubine sont inconnus.

Les Barbares ne savent pas organiser leur vie d'une manière agréable.

***

Les jeunes gens de l'Ouest n'ont guère de sentiments filiaux. Je lis dans un des journaux européens qu'un homme a été condamné conditionnellement à une peine dérisoire pour sévices graves envers ses parents. Chez nous, si un homme tue son père, même accidentellement, on lui applique le « linghi » ou découpage lent; ses frères cadets et son instituteur sont décapités; sa maison est rasée et la terre au-dessous des fondations est creusée de plusieurs pieds; les voisins du meurtrier sont punis; le magistrat « hsienn » (sous-préfet) est cassé; les plus hauts dignitaires de

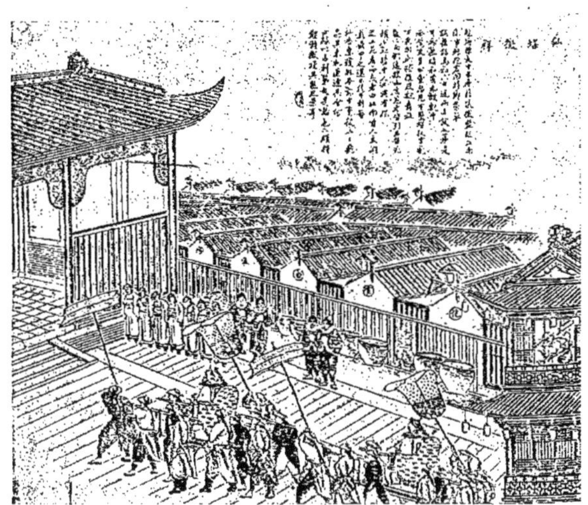

OUVERTURE DES EXAMENS LITTÉRAIRES.

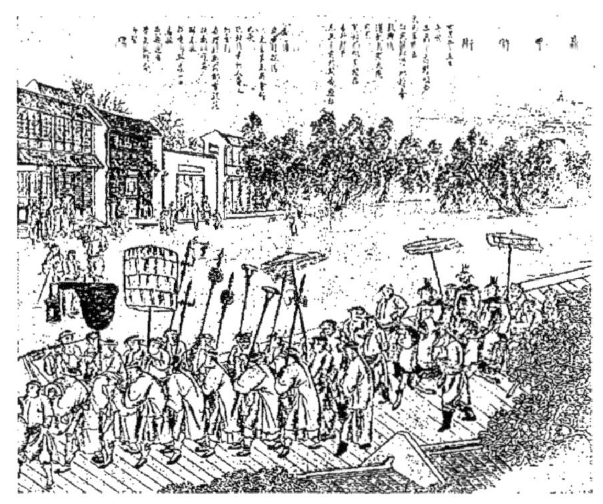

RÉCEPTION DES LAURÉATS DANS LEUR VILLE NATALE.

**Les Barbares
n'ont pas le frein bienfaisant
des études littéraires constantes.**

(Page 149, alinéa 3.)

la province sont rétrogradés de trois classes. (1)

Et les Barbares s'étonnent de la sévérité de nos justes lois contre les parricides !

Le seul respect qui semble exister là-bas est le respect humain. Des hommes rougissent de leurs parents, de leur religion, de la vertu.

Ils n'ont pas le frein bienfaisant des études littéraires constantes. La plupart des Barbares cessent d'étudier vers vingt ans ; ce n'est pas en Occident qu'on verrait le fils, le père et le grand-père se présenter aux mêmes examens pour les grades de « Hsiou tsaï » ou de « Kou jenn » (premier ou second degré littéraire).

PROCLAMATION DES RÉSULTATS DU CONCOURS.

Ils vont à leurs plaisirs, que la mort de leurs parents interrompt à peine. Devant cette indifférence, je me rappelle avec fierté les nobles lois fixant à trois années (2) notre deuil pour la mort d'un père

(1) Aussi les rapports au Trône attribuent-ils toujours le parricide à un accès de folie.

(2) Le deuil est normalement fixé à trois ans ; mais, en réalité, il est réduit à vingt-huit mois.

et rendant obligatoire la période « Wotsao », qui dure quarante-neuf jours, où nous dormons en vêtements de chanvre, sur la terre nue, à côté du cercueil. J'évoque le souvenir des cent jours où le fer du rasoir ne peut toucher le front, des vingt-huit mois de renonciation aux fonctions publiques, du « ko tow » (1) aux coolies qui portent le cercueil...

Là-bas les morts sont vite oubliés.

On ne s'est pas préoccupé de consulter les astrologues qui doivent, en tenant compte des « patzeul » (2), fixer le moment de la mise en bière, de la fermeture du cercueil (3) et du creusement de la tombe. Les heures du départ et de l'inhumation sont laissées à l'arbitraire et au hasard. Il n'est pas nécessaire de faire contrat avec le roi des mendiants pour que l'heure de la mise au tombeau ne soit pas retardée. Les pauvres cadavres sont enterrés par rangées régulières et des gens qui se sont haïs peut-être voisinent dans la mort. Parfois même des cercueils sont superposés.

(1) Le « ko tow » consiste à s'agenouiller, puis à élever à hauteur des sourcils les deux poings réunis couverts par les manchettes « ma ti séou » ; la tête s'abaisse ensuite profondément sans cependant toucher le sol, puis se relève tandis que les bras se séparent lentement.

(2) Ce sont les caractères donnant l'année, le mois, le jour et l'heure de la naissance du défunt, de son fils aîné et de son petit-fils.

(3) Le couvercle du cercueil n'est pas cloué, mais cimenté.

Profanation abominable : certaines tombes sont périodiquement remplacées par d'autres. Or, notre traité taoïste du salut dit textuellement :

« Chaque année, à la douzième lune, Pei Ti Tchenn, accompagné d'une troupe de « Kouei Tchenn », examine les cimetières de par le monde. Si une tombe est abandonnée ou mal entretenue,

TOMBES CHINOISES.

si dans le tertre ou la maçonnerie funéraire, des trous laissent à découvert le cercueil, les descendants, qui en ont la garde, sont convaincus de manque de piété filiale et punis par la pauvreté, la maladie, la misère et l'abréviation de leur lignée. »

Mais les Occidentaux n'accomplissent pas les cérémonies du culte des ancêtres et ne rendent pas un tribut de vénération au père, à l'aïeul et à tous les ascendants.

Une seule fête des tombes leur rappelle les disparus. Je compare cette ingratitude à ce trait rapporté par le classique de la piété filiale : « Un homme, nommé Li, perdit sa mère, qui était très craintive et avait peur du tonnerre. Il l'enterra au flanc de la colline et, quand le ciel se tendait de noir et que le tonnerre grondait, il se hâtait vers la tombe, allait s'asseoir près du tertre funéraire et disait : « Mère, ne t'effraye pas, ton fils est près de toi. »

Mais les Barbares sont fort peu accessibles à de tels sentiments. Ils violent encore les préceptes de Confucius, en faisant l'autopsie des morts. Si un

LES BARBARES VIOLENT LES PRÉCEPTES DE CONFUCIUS EN FAISANT L'AUTOPSIE DES MORTS.

UN CERCUEIL EST UNE ŒUVRE D'ART.

LES CERCUEILS SONT PARFOIS SI LOURDS
QUE DES OUVRAGES D'ART MAL ENTRETENUS S'EFFONDRENT
AU PASSAGE DU CORTÈGE FUNÈBRE.

(Page 154, alinéa 3.)

homme trépasse et que le médecin n'a pas délivré de certificat avant la mise en bière, la police accourt, ouvre le cercueil et recherche la cause de la mort. Les cadavres des indigents, morts à l'hôpital, servent aux études de la salle de dissection.

LES CERCUEILS SONT FAITS EN MADRIERS ÉPAIS.

Le même irrespect de la mort fait jeter à la mer les corps des passagers décédés pendant une traversée. C'est une abomination. Et voilà où en arrive une race pour qui les enseignements de notre grand Koung Fou Tz sont lettre morte.

Ce n'est pas en Europe que se verraient des cercueils si lourds que leur transport nécessite soixante-quatre coolies. Une bière n'est pas un cadeau qui fasse plaisir à l'intéressé, et un malade n'entend pas avec joie travailler à son cercueil. Avoir de belles funérailles n'est pas une des félicités auxquelles rêvent les Occidentaux et les grands cortèges funèbres ne se déroulent pas sur plusieurs kilomètres de longueur.

NOS GRANDS CORTÈGES FUNÈBRES SE DÉROULENT SUR PLUSIEURS KILOMÈTRES DE LONGUEUR.

FUNÉRAILLES D'UN GRAND MANDARIN.

FÊTE POUR CÉLÉBRER LE SACRIFICE D'UNE VEUVE.

(Page 157)

SUICIDE PUBLIC D'UNE JEUNE FILLE
QUI NE VEUT PAS SURVIVRE A SON FIANCÉ.

(Page 157.)

ARCHES ÉLEVÉES EN L'HONNEUR DES FILLES OU DES VEUVES QUI SE SONT SUICIDÉES POUR RENDRE LEUR DEUIL ÉTERNEL.

Chose curieuse, il y a une déconsidération attachée à toute espèce de suicide. On le blâme et on cherche à l'expliquer par un accès de fièvre chaude. Ce n'est pas chez les Barbares que serait élevée une arche en l'honneur des filles ou des veuves qui se sont suicidées pour rendre leur deuil éternel (1).

(1) Les jeunes filles qui se suicident à la mort de leur fiancé le font par gloriole, par coquetterie bien plus que par désespoir : ce fiancé, elles ne l'ont jamais vu. Les veuves qui se tuent pour rendre leur deuil éternel sont poussées par la vanité et par la crainte d'être maltraitées ou vendues par leurs beaux-parents.

Un suicide par mutilation n'est pas l'objet de plus de blâme que la pendaison, la noyade et l'empoisonnement, entourés des circonstances les transformant pour nous en actes méritoires.

Enfin le suicide n'est pas considéré comme la vengeance la plus efficace qui soit (1). Mentalité étrange, séparée de la nôtre par un abîme !

(1) « Il est regrettable, disent les Chinois, qu'on ne puisse se suicider à la fois dans la maison de deux de ses ennemis. » Parfois, un pauvre diable est payé pour aller se tuer chez quelqu'un. Voici les avantages réalisés par Wenn s'il se tue chez Li.

Les esprits vont venir tourmenter Li. Le cercueil et l'enterrement sont à sa charge, car il est considéré comme responsable de la mort du suicidé. Aussi la vengeance de la famille Wenn, les exactions et les persécutions des officiels vont-elles poursuivre Li qui sera ruiné, emprisonné et torturé même. Enfin, au moment de son passage à une nouvelle existence, il aura des difficultés terribles avec l'âme de Wenn. En mars 1905, le sous-préfet de Nann Tchang (Kiang Si) se suicida à la Mission lazariste. Les résultats de ce suicide furent l'incendie des missions et un terrible massacre de missionnaires.

WENN S'EST COUPÉ LA GORGE DEVANT LA PORTE DE LI. DESCENTE DU MANDARIN ENQUÊTEUR.

SUICIDE D'UNE VEUVE QUI NE VEUT PAS SURVIVRE A SON MARI.
(Page 157.)

ON SE TUE PARCE QUE L'ON A « PERDU LA FACE ».

La Chine est la terre des suicides
(Pages 157 et 158.)

EXÉCUTANT SON THÈME EN DEUX FAÇONS,
APRÈS S'ÊTRE RUINÉ AU JEU

WENN SE TUE POUR SE VENGER DE LI,
EN DÉCLARANT QUE CE DERNIER
LUI A RENDU LA VIE INSUPPORTABLE.

(Page 158, note.)

SUICIDE PAR VENGEANCE.

(Page 158.)

Les Barbares sont très en retard, et il faudra du temps avant qu'ils arrivent à penser et à sentir comme nous, en supposant qu'ils aient assez de cœur et d'intelligence pour y parvenir.

TERREUR INSPIRÉE PAR LA JUSTICE CHINOISE :
La foule se garde bien de porter secours à un noyé plongé la tête la première dans une cuve.

Ce qu'ils appellent le « progrès » est une chose vaine et souvent dangereuse, car certaines de leurs innovations mettraient la Chine en péril. Quel est, par exemple, leur système pénitentier ? Leurs prisons sont des lieux de plaisance pour les scélérats, qui y sont soignés avec sollicitude. Une seule crainte existe : qu'ils ne soient pas confortablement logés, habillés et nourris. Si ce système était appliqué ici, ce serait à qui parmi les brigands commettrait les plus grands crimes pour se faire incarcérer et l'Empire serait bouleversé.

Les Barbares viennent nous dire que leur système de justice est bon, mais cette assertion est infirmée par le simple exposé des principes de cette organisation judiciaire. Ainsi, le juge accepte l'attestation sur la foi du serment; l'aveu obtenu par la torture n'est pas considéré comme valable.

On n'incarcère pas le témoin, qui vient raconter ce qu'il veut : sa déposition est inscrite et il s'en va. Voyez-vous ce système appliqué chez nous? La foi du serment ! Comment celui-ci peut-il lier un homme intelligent? Ah! les juges européens sont bien naïfs.

Je le répète, il semble que les Barbares aient pris un malin plaisir à adopter en toutes choses le contrepied de nos coutumes. Ceux qui liront ce qui précède auront peut-être peine à y croire, mais c'est l'exacte vérité.

Dicté par Son Excellence Ho Kouei Fang en son « yamênn » de la cité tartare de Pékin, le 10e jour de la 8e lune de la 25e année de « Kouang Su » (1899).

Moi, son humble secrétaire Seng Wei King, sans lettres ni expérience, tout petit, profondément ignorant, jeune et méprisable, j'ai tracé avec respect et vénération les précieux caractères correspondant à ses admirables paroles.

CHAPITRE III.

OPINIONS
D'UN
LETTRÉ AGRESSIF
ENNEMI DU PROGRÈS.

(D'APRES LES NOTES
DE YÊNN TCHENG TCHOUO,

Commissaire impérial adjoint aux officiers chargés des défenses maritimes du Kwaug Toung,
Ancien Vice-Président du Ministère des Rites.)

SON EXCELLENCE YÊNN TCHENG TCHOUO.

LA RIVIÈRE DES PERLES. (Page 168, note)
Vue de Shek Wai Tong (rive gauche), de Fâti et de Fong Sheun.

Canton, le 7 juin 1905.

Le festival du « Grand Dragon » (1) bat son plein. Une clameur confuse de cris, le roulement sourd des grands tambours « tang kou », le fracas sonore des gongs et le crépitement des pétards montent vers le ciel. L'animation est prodigieuse sur le Fleuve des Perles couvert de quelque cent mille jonques, en face de Wongsha, de Canton et de Honâm (2).

(1) Ce festival, appelé « tuann yang tchieh », se célèbre le 5me jour de la 5me lune. Cette date est l'un des trois termes où se paient les dettes. Les bateaux-dragons ou « loung tchouann », qui sont des barques de course, font ce jour-là des joutes de vitesse.

(2) Canton s'étend sur la rive gauche du Si Kiang (Fleuve de l'Ouest, appelé aussi Tchou Kiang, Fleuve des Perles), qui

PONT QUI RELIE A CANTON LA CONCESSION ANGLAISE DE CHÂMÎNE.
Il est fermé par une grille. (Page 168, note.)

Les bateaux-dragons équipés par Fâti et par Honâm luttent de vitesse en remontant le fleuve.

a 1,200 mètres de largeur en ce point. Dans un îlot appelé Châmîne, d'un kilomètre de long et d'une centaine de mètres de large, s'élèvent les concessions étrangères. Il est séparé de la rive gauche et de Canton par un canal étroit encombré de « sampans », sur lequel sont jetés deux ponts de pierre fermés par des grilles. Le bund qui fait le tour de l'îlot est bordé par un quai de granite et planté de majestueux banyans.

Un peu en aval de Châmine, le fleuve est divisé en deux bras par l'île de Honâm, où s'étend le populeux faubourg de ce nom. Le bras septentrional n'a que 200 mètres de large: le bras méridional en a 900; sur sa rive droite, en face de Canton, se trouve le bourg de Fâti, et, immédiatement en aval de celui-ci, le village de Fong Sheun.

Wongsha est un bourg situé sur la rive gauche, immédiatement en amont de Canton.

CANTON. — VUE PRISE DU QUAI DE CHAMÎNE. (Texte page 167, note 2.)

Longs, étroits, couverts de sculptures, ils se terminent en poupe et en proue par une tête de chimère dorée. Ils sont ornés de trois « pao kaï » aux vives couleurs et d'une bannière à longues oriflammes et antennes argentées.

Les hommes de l'équipage, agenouillés deux par deux au nombre d'une soixantaine, appuient en cadence et avec force leur courte pagaie sur l'eau. Le rythme est donné par le « tang kou » horizontal fixé au centre de la pirogue; deux vigoureux « Akka » (1), nus jusqu'à la ceinture, battent ce grand tambour à tour de bras. Un gong et deux « siao lou » (2) alternent avec le « tang kou ». Debout à la proue, le chef d'équipe brandit un guidon de soie blanche bordé de dentelures rouges. Il lui fait décrire de grands cercles vers la droite

« TANG KOU », « PAO KAÏ » ET BANNIÈRE.

(1) Race des bateliers de la rivière de Canton.
(2) Sorte de petit gong.

AGENOUILLÉS DEUX PAR DEUX AU NOMBRE D'UNE SOIXANTAINE...
(Texte page 170, alinéa 2.)

LES « LOUNG TCHOUANN » SE TERMINENT EN POUPE ET EN PROUE PAR UNE TÊTE DE CHIMÈRE DORÉE.
(Texte page 170.)

ou vers la gauche de l'esquif, afin de guider l'âme primaire de Son Excellence Wuh Yinn (1), mais aussi et surtout pour régler l'action des pagayeurs dans les alignements et dans les courbes.

Bientôt le rythme des « tang kou » s'accélère et les clameurs redoublent, frénétiques. Une joute prend fin, tandis que d'autres « loung tchouann » débouchent de la dérivation qui sépare Canton de Honâm. Des jonques les suivent, sur lesquelles un dragon tord ses anneaux verts ou rouges, au son du « tang kou », du tambour et du « siao lou ». Des « Akka » soutiennent la tête du monstre et font onduler les replis de son corps.

Dans l'air lourd, immobile, saturé d'une humidité chaude, pas un souffle de brise. Quelques trouées éblouissantes s'ouvrent dans le ciel entre les nuages amoncelés, bordés d'argent, et livrent passage à des traînées de lumière ardente sous lesquelles des bandes du fleuve se couvrent de paillettes, d'étincelles et de lueurs brillantes. Ces

(1) Wuh Yinn, ministre du roi de Tsoo, au commencement du Ve siècle avant notre ère. Ayant été dégradé pour avoir fait de justes observations à son souverain, il se jeta dans les flots. Des recherches furent faites pour retrouver le corps du ministre vertueux, car l'âme primaire, qui réside dans la tombe, est errante et malheureuse si le corps du défunt ne se retrouve pas. Depuis vingt-cinq siècles, des cérémonies commémoratives ont été répétées chaque année, le jour de la fête des bateaux-dragons.

zones qui ruissellent de rayons et de feux tranchent sur la teinte mate et grise de la nappe liquide.

Au milieu de celle-ci et en face de Châmîne les canonnières Iltis, Argus, Robin et Callao (1) sont ancrées, ainsi que les vapeurs des compagnies Jardine, Butterfield et China Merchants.

Entre la passe profonde et les rives, le fleuve est hérissé de mâts ornés d'oriflammes rouges.

Des milliers de banderoles, de bannières et de pavillons de toute forme et de toute couleur, mais où le rouge domine, ont été arborés et pendent dans l'air tranquille. De grands caractères noirs, rouges ou blancs se détachent entre leurs bords dentelés. Des embarcations de toute espèce sont ancrées bord à bord : « pao tchouann » (2) peintes

(1) Canonnières allemande, française et américaine.

(2) Les « pao tchouann » sont des canonnières chinoises. — Les bateaux-express utilisent comme moyen de locomotion une roue à aubes. Elle est placée à la poupe et son arbre engrène avec une chaine sans fin. Celle-ci est mise en mouvement par quatre arbres horizontaux sur lesquels sont fixés cinq groupes de quatre pédales. Cinq coolies, se suspendant à des perches horizontales, actionnent les pédales de chaque arbre. Le travail est extrêmement pénible : jamais je n'ai entendu ces coolies chanter.

BATEAUX-EXPRESS A ROUE DE POUPE.

de couleurs éclatantes; bateaux-express dont les gaillards d'avant et d'arrière sont armés de vieilles caronades; « lorchas » (1), chargées de charbon, de chaux, de vivres, de pourceaux noirs; bâtiments

DES EMBARCATIONS DE TOUTE ESPÈCE SONT ANCRÉES BORD A BORD.
(Vue prise à Wangsha.)

de mer dont la poupe est haute et dont le gréement comporte trois mâts divergents qui peuvent se rabattre; jonques bizarres et enluminées dont le gouvernail est ajouré; chaloupes à vapeur grillagées en vue de résister à une attaque éventuelle de

(1) Les « lorchas » sont des jonques marchandes.

« SAMPANG » A GODILLE.
(Texte page 176, alinéa 1 et note.)

JONQUE DE MER. (Texte page 174.)

pirates; « house boats » et « haoting » (1) de plaisance; allèges, maisons flottantes portées par deux bacs, et pontons-restaurants; bateaux pour mariages ou pour funérailles et pirogues de lépreux; « mâlang » construits en forme de souliers de femme et mus par deux pagaies croisées; « sampang » à godille et à rames...

JONQUES BIZARRES ET ENLUMINÉES DONT LE GOUVERNAIL EST AJOURÉ.
(Texte page 174.)

Dans cette ville flottante, une trouée de quelques centaines de mètres s'ouvre devant le quai de granite de l'îlot de Châmîne, où s'étendent les concessions anglaise et française. Les mâts consulaires et les clochers des chapelles

(1) Le « house boat » est un bateau de plaisance appartenant à des résidents étrangers. Le « haoting » est utilisé par les Chinois riches pour leurs parties de plaisir et leurs excursions. Le « mâlang » est une petite barque dont l'avant est effilé. A l'arrière, les pagayeurs debout font effort sur deux pagaies croisées. Le « sampang » est une embarcation un peu plus grande que le « mâlang », mais dont l'avant et l'arrière sont carrés. La godille, la rame, la gaffe sont les moyens de propulsion ordinaires. Le « sampang » progresse beaucoup plus lentement que le « mâlang ». Aussi choisit-on généralement celui-ci pour traverser le fleuve. Mais les « mâlang » sont beaucoup moins nombreux que les « sampang », notamment dans la partie du bras septentrional où sont ancrés les bateaux-fleurs.

ARRESTATION A BORD D'UN « HAOTING » DE PLAISANCE.

« HAOTING » DE PLAISANCE.

(Texte page 176 note.)

catholique et anglicane s'entrevoient au milieu des « banyans » (1) ombreux et des maisons blanches.

Au nord de l'îlot de Châmîne et séparé de lui par un canal encombré de « sampang », s'étend la grande « cité des béliers et des génies » (2), colossal assemblage de boutiques et d'échoppes d'où s'élancent les hautes flèches blanches de la cathédrale catholique, la pagode « Ng Tsang lau » à cinq étages, la pagode fleurie et les tours carrées et noirâtres des monts-de-piété.

Enfin, limitant l'horizon vers le Nord, la montagne des « nuages blancs », sépulture de cent générations, se dresse couverte de tertres funéraires, de pierres tombales et de verdure rousse...

Il est 4 heures. Su Tao taï, directeur de la frappe des monnaies à Canton, m'a invité à un dîner qu'il donne à 5 heure à bord d'un « ponton de fleurs » (3) loué par luï. Son secrétaire Tsang doit me prendre à l'Hôtel Victoria, le seul hôtel de Châmîne

(1) C'est l'arbre que nous appelons multipliant.

(2) *Canton.* — La légende rapporte que, peu de temps après la fondation de Canton, cinq génies chevauchant des béliers apparurent dans la ville. Ils rendirent un oracle signifiant que jamais Canton ne serait désolée par la famine. Les événements ont démenti cette prédiction.

(3) Les pontons-fleurs ou « hwa tchouann » sont utilisés par les Chinois riches pour y donner des diners. Un petit nombre de ces bateaux seulement répondent à l'idée attachée à ce terme par beaucoup d'écrivains européens.

PONT QUI RELIE A CANTON LA CONCESSION FRANÇAISE DE CHAMÎNE.
Il est barré par une grille. (Texte page 180, alinéa 2.)

« HWA TCHOUANN » A CANTON.

(Texte page 178, note 3.)

et le plus détestable de tout l'Extrême-Orient.

A l'heure dite, nous montons dans nos chaises à porteurs (1) et nous voilà partis le long du canal boueux et fétide qui sépare Châmîne de la rive. Bientôt la grille de la concession française s'ouvre devant nous et nous entrons dans ce labyrinthe pestilentiel que l'on appelle Canton.

Dans le fouillis des ruelles que nous traversons, je suis saisi à la gorge par une odeur épouvantable : odeur de guano humain, d'opium, d'encens et de poisson putréfié. Je fais de l'antiseptie à grand renfort de cigarettes en passant à côté de jarres ébréchées, dont le contenu disparaît sous une couche verte de moisissure. Dans des criques d'eau noirâtre, saturée de pourriture et de déjections de toutes sortes, flottent des bêtes mortes, ballonnées, décomposées, informes. Les dalles sont couvertes d'une boue gluante et empestée.

Nous sommes au milieu d'une foire gigantesque et indescriptible où grouille la foule. Des marchands ambulants poussent leur cri d'appel et vendent tout ce qui se peut imaginer : fruits, noix d'arachides grillées, ragoûts, gelées douteuses, pâtisseries fondantes, potions répugnantes, son-

(1) Le trajet de Châmine aux bateaux-fleurs ancrés en face des dernières maisons du faubourg oriental de Canton est, à marée montante, plus court en chaise qu'en « sampang ».

nettes, livres, chapeaux, vêtements, chaussures... Des spécialistes péripatéticiens mettent leurs talents et leurs lumières à la disposition du public : barbiers, arracheurs de dents, herboristes, apothicaires, charlatans, devins, astrologues, chiromanciens, docteurs ès « fengshui », chaudronniers, vanniers, raccommodeurs de porcelaines et d'habits... Mille bruits discordants sortent de cette cohue : boniments, cris des porteurs de chaises, battements des claquebois et des « siao lou », sons métalliques de lames de cuivre qui glissent les unes sur les autres, balancées autour d'un fil de fer par le forgeron ambulant.

Un instant, dans cette cacophonie, perce la musique aigre des « lapa », les gémissements des pleureuses de profession et les hans gutturaux et cadencés des porteurs de cercueils qui scandent leur marche. C'est un cortège funèbre qui se dirige vers la porte Nord et les collines des « nuages blancs ».

Des coolies, qui doivent se garer pour laisser passer nos chaises, profèrent une injure à l'adresse du « fann kwei ». D'autres grignotent des morceaux de canne à sucre, tandis qu'un soldat mord à pleine bouche dans une tranche de melon d'eau. Une file d'aveugles qui se servent d'un bambou comme d'antenne, donnent les titres les plus pompeux aux passants et aux boutiquiers, dont ils implorent la charité. Le dernier mendiant du groupe voit à peu près clair et guide l'association.

Le soleil passe entre les nattes qui servent de toiture aux rues et fait briller les enseignes innombrables, dorées ou vernies, qui pendent normales aux façades des maisons. Des caractères laqués s'y détachent, en creux ou en relief, disposés de droite à gauche, obliquement ou de haut en bas. Des peintures criardes représentent des lampes, des souliers brodés, des ceintures ou des chapeaux de cérémonie. Des marchandises alléchantes sont offertes au public par voie d'affiches :

UNE GRANDE ARTÈRE A CANTON.
Les enseignes innombrables dorées ou vernies...

« Friandises de la saison : « tripang » (vers de mer) au vermicelle, prêts à toute heure. »

« Pilules préparées dans une intention pure au

moyen de la substance d'un crapaud pilé vif en un jour favorable. » La pureté de l'intention et le choix du jour ont une grande importance.

« Huile de mille-pieds et de serpent-bambou, souveraine contre les maladies de langueur. » En effet, au bout de peu de temps, le patient ne languit plus : il meurt.

Placides comme des bouddhas, des marchands ventrus sont assis aux devantures ouvertes de leurs boutiques et regardent passer la chaise de l'étranger, tandis que, dans l'échoppe voisine, des pâtissiers au torse visqueux pétrissent de leurs mains sales une pâte de riz jaune et gluante.

Les auberges enfumées sont bondées de coolies. Les uns, appliquant leur bol de riz contre la lèvre inférieure, s'emplissent la bouche par un mouvement rapide de leurs bâtonnets. Les autres, qui sont repus, fument, crient, cherchent leur vermine ou dorment. Une buée lourde les enveloppe.

A la porte de l'Est, dans des cages, quelques têtes de malfaiteurs pourrissent, couvertes de mouches et grouillantes de vers. Des « ng tsok » crasseux, aux cheveux embroussaillés et rongés par la pelade, glapissent une supplication ; quelques pauvres hères ont les tendons d'Achille coupés (1) et leur démarche est lamentable.

(1) C'est un des châtiments, non prévus par les lois, infligés aux voleurs par les tribunaux chinois.

LA « MÂ TAU ».
UNE EXÉCUTION CAPITALE.

(Texte page 185)

Nous passons près de la « mâ tau » (1), sorte de place de Grève qui fut arrosée de plus de sang que tous les champs de bataille européens réunis.

Des lépreux tendent vers moi leurs membres en putréfaction. Le mal affreux ravage et marque de stries jaunes leur face léonine (2), luisante et tuméfiée. Quelquefois les lèvres sont rongées et les dents se montrent en un rictus effrayant.

UN LÉPREUX TEND VERS MOI SES MEMBRES EN PUTRÉFACTION.

De lamentables troncs humains, dont les bras et les jambes sont des moignons informes, se déplacent en se roulant sur les dalles gluantes.

(1) Littéralement « tête de cheval ». C'est la place des exécutions capitales, qui affecte approximativement la forme d'une tête de cheval.

(2) Cet aspect léonien est dû à l'hyperthrophie des téguments faciaux.

Des chiens galeux et des mendiants scrofuleux au cou gonflé fouillent dans les tas d'immondices.

L'œil est fatigué par tant d'écœurants spectacles. Heureusement, voici enfin la rivière, et les « hwa tchouann » sont là près de la rive. Le « taotaï » Su m'attend à bord de l'un d'eux, en compagnie des « taotaï » Tcheng Ki ping, directeur du bureau des mines, Wenn Tsoung yao, amiral de la flotte du Kouang Toung, Fong Sinn yênn, juge provincial, et Ping You hêng, directeur du trafic du chemin de fer Shek Waï tong-Sam Shui.

Après l'échange des nombreuses salutations et des phrases usuelles de politesse obséquieuse, Su taotaï, s'inclinant profondément, s'adresse à moi :

« Vénérable frère aîné, l'honneur est grand pour nous. Ce méchant souper ne sera pas digne de votre mérite éminent. Faites-nous la grâce de vous asseoir ici, je vous prie.

— Je n'oserais, « kouei tao » (noble mandarin), je n'oserais, car ces égards sont excessifs et je n'en suis pas digne. La seule place que votre frère tout jeune et sans lettres puisse accepter est la toute dernière.

Après les longues résistances et toutes les hésitations prescrites par le cérémonial, je finis par prendre, en disant « ling ming » (j'obéis), la place d'honneur à la gauche de l'amphitryon.

Cependant, je ne m'assieds qu'après une nouvelle et pressante invitation de Su taotaï, je m'incline alors en disant : « yéou tsienn » (j'usurpe la première place).

Le salon où nous nous trouvons, dont la porte s'ouvre toute large sur la rivière, mesure une dizaine de mètres de long sur quatre de large et autant de hauteur. Des sentences en caractères d'or se détachent sur les « toei lienn » et les « pienn ngo » (1) satinés suspendus aux cloisons sculptées, ajourées et vernies. Au milieu de ces inscriptions, figurent des « tchou tze (2), aux tons très pâles. De minuscules fenêtres, ornementées de laque, encadrent des carreaux teintés. Aux gros lustres, garnis de quatre lampes à pétrole, pendent des prismes de cristal coloré. Les tables, les chaises et les « kang tchoang » sont sculptés en un bois noir précieux et incrustés de nacre.

(1) « Toei lienn », bande de soie plus haute que large, suspendue à la manière des tableaux dans les écoles et portant une inscription verticale. « Pienn ngo », bande de soie plus large que haute et portant une inscription horizontale.

(2) Les « tchou tze » sont des tableaux qui représentent des paysages : des arbres tordus, des collines rocheuses amoncelées, des ponts en zigzag sur des étangs couverts de larges feuilles de lotus.

Dans des vases de porcelaine placés sur le plancher, quelques banyans nains, aux troncs torturés et rabougris, poussent au milieu d'althéas et de roses du Bengale.

Je ne décrirai pas l'ordonnance de ce dîner chinois. Par une délicate attention, à côté de mes bâtonnets d'ivoire et de ma serviette de papier, on a placé une fourchette. Je me borne à citer, à peu près dans l'ordre du menu, les plats innombrables du « méchant souper » : « kann kou », « choei kou », tang chi » (fruits secs, fruits de la saison, sucreries), mandarines confites, pousses de bambous, filaments de poisson mandarin aux graines de lis, crabes au piment; œufs conservés dont l'aspect emplit d'effroi l'âme du convive européen; gelées d'algues marines et de « tripang » (ver de mer); soupes aux ouïes d'esturgeon et aux lotus; potage aux ailerons de requins; purée aux nids d'hirondelles « kouann yenn » (1) et aux œufs de pluviers; chaufroix de langues de canards, aux vers de rizière et aux têtards; pigeons et canards tapés et

(1) « Kouann yenn » : c'est la meilleure qualité des nids gélatineux du « collocalia brevirostris », qui est une espèce de salangane vivant dans les îles de l'archipel indien et sur les côtes du Fo Kienn. Le nid, de la grosseur d'un œuf de canard, est fait d'une gelée fibreuse blanc-rougeâtre. Il est considéré comme un tonique précieux prenant rang après le ginseng et recommandé dans les cas d'hématurie, par le livre de médecine fameux intitulé : *Penn tsao.*

laqués ; volailles cuites au bain-marie; gésiers de poulets aux champignons conservés; croquettes d'œufs de poisson à la graisse de requin ; crevettes enivrées ; « litchis » ; pêches plates ; fines tranches de canne à sucre, de bananes, d'ananas et de cœurs de mangoustans.

Nous buvons dans des dés à coudre du « samshou » (1) brûlant et, dans des coupes grossières, une tisane de champagne. Entre les services circulent les pipes et les serviettes trempées d'eau chaude (2).

Enfin on apporte les viandes lourdes aux choux aigres et les grands bols de riz : c'est la fin du dîner...

Mais voici qu'un « sampang » accoste et amène au milieu de nous, rieuses et très fardées, trois de ces chanteuses, que l'on appelle « sing-song kouniang » ; elles sont convoquées par le taotaï Su.

Elles ont la démarche boiteuse d'invalides à jambes de bois, mais ces invalides ont moins de quinze ans. Leur visage d'ambre pâle, aux sourcils très arqués, aux lèvres plaquées d'un cercle de

(1) « Samshou », littéralement « distillé trois fois ». C'est un alcool de riz ou de millet qui se boit très chaud, dans de toutes petites tasses.

(2) Ces serviettes, appelées « je chéou kinn », s'appliquent sur le visage et le crâne. Il en résulte une grande sensation de fraîcheur.

rouge vif, est encadré d'un bandeau de cheveux noirs, laqués et disposés en aile de phalène. Des pétales de « haïtang » roulés en cône sont piqués en diadème dans cette coiffure compliquée, que surmonte un papillon de corail ou de jade. Les boules d'or de fortes épingles à cheveux sont incrustées de plumes de martin-pêcheur.

Les tuniques de satin rose ou bleu pâle des « kouniang », ainsi que le large ruban qui borde les pantalons de soie aux couleurs éclatantes sont ornés de fleurs et d'oiseaux en broderie fine.

Leurs poignets sont cerclés de minces bracelets de jade et des bagues ornent les doigts effilés comme des clous. L'ongle de l'index droit est protégé par un long étui d'or ciselé, fixé au doigt par une sorte de dé.

Debout, sur leurs pieds minuscules emprisonnés dans des souliers brodés d'or, les « kouniang » se placent derrière nous. Il est de bon ton de paraître ne pas s'occuper d'elles.

Mlle Papillon de Jade, dont la voix monte à un registre suraigu, nous chante « les Cinq veilles de la nuit », une ballade amoureuse très passionnée, quand soudain résonne une sonnerie de trompe prolongée, suivie d'un coup de canon, qui, se répercutant à la surface des eaux, fait vibrer les prismes des suspensions et les fenêtres de couleur. C'est le signal de la fermeture des grilles qui barrent les ponts de Châmîne. Il est 7 heures.

Le son plaintif des « pipa » et des « yuê kinn » (1), qui s'était interrompu un instant, reprend bientôt sur les bateaux-fleurs voisins. Un violon monocorde grince atrocement.

« PIPA » VIOLONS MONOCORDES « YUÊ KINN »

Nous fumons, nous buvons du thé parfumé au « kwei wha », nous grignotons des graines de pastèques torréfiées, des noix d'arachides et des amandes sucrées.

La nuit est venue et la chaleur est accablante : aucune brise n'arrive de la rivière ténébreuse, étoilée de lanternes blafardes. Elles sont appendues au mât des jonques ou sous l'arceau qui sert

(1) Le « pipa » est une guitare allongée, le « yuê kinn » une guitare ronde.

d'appui aux toitures mobiles en bambou des « sampang ».

Mlle Papillon de Jade a repris la ballade des « Cinq veilles de la nuit », tandis que les autres « kouniang » l'accompagnent de leur guitare. C'est délicieusement horrible; les paroles sont suivies de modulations criardes qui partent du larynx et du nez, sans que la langue ni les lèvres interviennent.

Je me souviens alors des vers d'un poète chinois qui apprécie ainsi la musique exquise de cette romance :

« Les notes, légères d'abord, comme le babil de l'oiseau dans le buisson, deviennent cristallines comme les perles liquides qui retombent dans un bassin de marbre. Puis le chant court rapide comme le torrent dans sa course, mais soudain il s'arrête, car la passion est trop forte pour l'expression... »

Que d'illusions, hélas! et que nous sommes loin du compte.

Les deux autres « kouniang » se font entendre à leur tour. Et je subis la « henn touo tching », « la Chanson de la colère amoureuse », et la « tchiao niko », « la Romance de la jolie bonzesse ». La migraine me serre les tempes...

Entre les chansons, on joue à la mourre et on remplit des bouts rimés.

Enfin deux domestiques mettent les oreillers de porcelaine sur les canapés « kang tchoann » et apportent les pipes à opium, les veilleuses, les aiguilles et, dans des coquillages plats, l'opium préparé appelé « shu kao », noir et visqueux. Les convives vont fumer « le grand tabac » et je prends congé.

— Nobles mandarins, le « tout petit » conservera toujours un souvenir ému et charmé de l'honneur inouï que vous lui avez fait ce soir. Ce festin et cette hospitalité étaient d'une magnificence royale. La gratitude emplit l'âme de votre misérable serviteur.

— Noble vieillard, répondit Su taotaï, visiblement flatté, croyez que vos méprisables frères cadets sont écrasés par l'honneur que vous leur avez fait en acceptant de partager leur maigre bol de riz.

Nous échangeons les « tso i » et les « kong chéou », puis je prends place dans un « sampang ». Le secrétaire Tsang m'accompagne et me ramène vers nos palanquins.

Il me propose d'aller voir une salle de « fann tann ». J'hésite un moment, car la réputation du personnage est celle d'un joueur passionné. Mais le fait de décliner cette invitation n'empêcherait pas mon guide de se hâter vers une salle de jeu dès qu'il m'aurait reconduit jusqu'au « Bund ». De plus, je ne veux pas froisser cet excellent homme, qui m'a fait découvrir dans Canton des gravures rares et m'a dit être détenteur d'un manuscrit de Yênn Koung pao.

J'accède donc à la demande de M. Tsang et nous nous enfonçons,précédés de nos grandes lanternes sphériques, dans le dédale des ruelles en couloirs. Il fait très sombre. Dans les rues importantes, des lampes à pétrole fumeuses jettent une clarté confuse et rougeâtre dans les ténèbres. Une faible lueur filtre entre les volets disjoints de quelques boutiques, et certaines d'entre elles ont un air de coupe-gorges. Çà et là un tintamarre de gongs et des lamentations sortent d'une échoppe : quelqu'un y agonise sans doute. De temps en temps, nos coolies poussent leurs cris cadencés : des ombres se garent pour laisser passer nos palanquins. Parfois un porteur glisse sur des débris de légumes ou de graisse. Des formes noires allongées le long des boutiques se redressent à demi avec un gémissement plaintif ou une injure. L'énorme ville repose dans une buée empestée par des odeurs de graillon et d'huile de sésame, par des gaz ammoniacaux et sulphydriques, par des émanations méphitiques de cloaques.

Les porteurs accélèrent l'allure, car le terme de leur course est proche. Ils s'arrêtent enfin sous une grosse lanterne rouge.

Un escalier raide en bois vermoulu nous amène dans une salle très éclairée, où règne une odeur vireuse d'opium. Des Chinois se pressent autour de deux tables couvertes de fines nattes de paille sur lesquelles se jouent le « fann tann » (1) et le « pô tzeu » (2).

Près de deux vieux croupiers à tresse blanche, à

(1) Le jeu de « fann tann » est très répandu en Chine. Une sorte d'ardoise à côtés numérotés et un tas de sapèques sont placées sur une table. Un croupier prend dans le tas deux poignées de ces piécettes qu'il recouvre d'un bol; puis, à l'aide d'un bâtonnet, il les retire 4 par 4. A la fin, il reste, 1, 2, 3 ou 4 sapèques. Les joueurs qui ont placé leur enjeu en regard des chiffres 2, 3 ou 4 de l'ardoise gagnent le triple de leur mise. S'il ne reste qu'une sapèque, les enjeux sont gagnés par le croupier.

(2) Le « pô tzeu » est le jeu cantonnais par excellence. On emploie des cartes spéciales marquées de caractères idéographiques que nous désignerons pour un instant par des lettres A, B, C, D, ainsi que trois cubes entrant l'un dans l'autre. Le cube intérieur porte sur ses quatre faces latérales les caractères A, B, C ou D en rouge ou en noir.

Les joueurs prennent les cartes A, B, C ou D, tandis que le croupier, après avoir placé les trois cubes l'un dans l'autre, fait rouler un certain nombre de fois, comme un dé à jouer, le cube ainsi formé.

La face du cube tournée vers le croupier perd ; les autres faces gagnent. Ainsi, supposons que la face A soit du côté du croupier; les joueurs qui ont reçu des cartes marquées B, C ou D gagnent une, deux ou trois fois leur mise. Les joueurs qui ont reçu des cartes portant le caractère A perdent leur enjeu.

Il y a d'autres combinaisons, où intervient la couleur des caractères.

maigre barbiche cirée et démesurément griffus, les joueurs sont penchés, muets et anxieux, le regard fixe. Quelques-uns notent la suite des numéros ou des couleurs sorties.

Pendant que je fais le tour de la salle et jette un coup d'œil dans la chambre voisine où se fume le « yang yow », Tsang a joué et perdu à la table de « pô tzeu » l'argent qu'il avait sur lui, et, me prenant à part, il me parle tout bas : « Si vous voulez me prêter vingt dollars, « tâ Jenn », la gratitude du « tout petit » serait grande. Comme vous le savez, je possède un manuscrit de feu Yênn Koung pao, ancien vice-président du ministère des rites. Je me ferais un plaisir de vous l'offrir à ce prix. »

Je lui glisse dans la main deux billets de la « Hongkong & Shanghaï Corporation ». Tsang retourne aussitôt à la table de « fann tann », gagne d'abord, puis la chance tourne...

Nous marchons à présent dans une obscurité profonde. Les pauvres lampes fumeuses perdues dans la nuit se sont éteintes une à une. Nous arrivons à la muraille de la cité, dont la lourde porte est fermée depuis 9 heures du soir. Un « kamsha », cette gratification obligatoire, est donnée aux soldats de garde et les battants épais à armature de fer tournent sur leurs gonds. Les porteurs ont repris leur allure accélérée, et c'est au pas de charge qu'ils arrivent à la grille du pont oriental, où Tsang me quitte pour rentrer chez lui.

Me voici sur le quai de Châmîne, éclairé par quelques lampes électriques. A ma demande, un policier chinois de la concession anglaise hèle un « mâlang », car il me reste à traverser les 1,200 mètres de rivière qui séparent Châmîne de Fong Sheun, où j'habite une maison appartenant aux Missions luthériennes de Berlin.

Un mouvement se produit à bord de quelques embarcations dont les lanternes blafardes se voient à peine dans les ténèbres. Les bateliers arrachent de la vase le bambou auquel l'amarre est fixée et font force de rames ou de pagaies vers l'escalier de pierre qui descend du quai et plonge dans la nappe

« MÂLANG » CONSTRUITS EN FORME DE SOULIERS DE FEMME.
(Texte pages 176 et 198.)

d'eau noire; un « mâlang » accoste et j'y prends place.

Derrière moi, un bâtonnet d'encens fume devant l'autel des ancêtres, qui occupe la pointe du cône formé par l'avant du « mâlang ». Un homme et une femme debout pèsent sur leurs pagaies croisées sans que cette manœuvre éveille un enfant, attaché sur le dos de la batelière. Une brume chaude, opaque, malsaine, enveloppe toutes choses. La sirène d'un vapeur qui arrive lentement au mouillage déchire l'air de son signal strident et prolongé, tandis que la cloche des bâtiments à l'ancre marque leur position. Le « mâlang » s'arrête. Le

« MÂLANG ». — RIVE DROITE DU SIKIANG, A FONG SHEUN.
(Texte pages 176 et 197 à 199)

cou tendu, les pagayeurs cherchent à découvrir dans l'ombre la silhouette du navire, afin de se rendre compte de la direction de celui-ci. Ils me demandent de faire glisser dans leurs rainures les volets qui ferment d'étroites fenêtres percées dans les parois latérales. La précaution est bonne, car une vague soulevée par le passage du steamer vient s'écraser sur la coque de l'embarcation, qui danse sur la lame. De nouveau les mariniers pagaient de toute leur force. Nous longeons des jonques sombres et de grands radeaux. La rive est devant nous, lugubre et noire...

M. Tsang m'a envoyé le lendemain le manuscrit promis, dont les pages qui vont suivre donnent la traduction fidèle.

PROJET DE LETTRE

au journal

LE „ SOUTH CHINA MORNING POST ",

de Hongkong.

□ □

SI PAR la pensée nous évoquons les âges révolus, nous voyons que les fils de Han vivaient heureux avant l'arrivée des Occidentaux en Chine. Le Shing Tienn tze (le sage fils du Ciel, l'Empereur) régnait souverainement parmi les nombreux peuples tributaires ou soumis dont il recevait les hommages.

L'agriculture était arrivée à un haut degré de perfection et le développement de notre commerce intérieur et côtier était énorme. Nos ancêtres, à l'imitation de qui doivent tendre tous nos efforts, ne demandaient ni importation, ni exportation... N'avaient-ils pas, comme nous, le meilleur aliment, la meilleure boisson, les meilleurs vêtements du

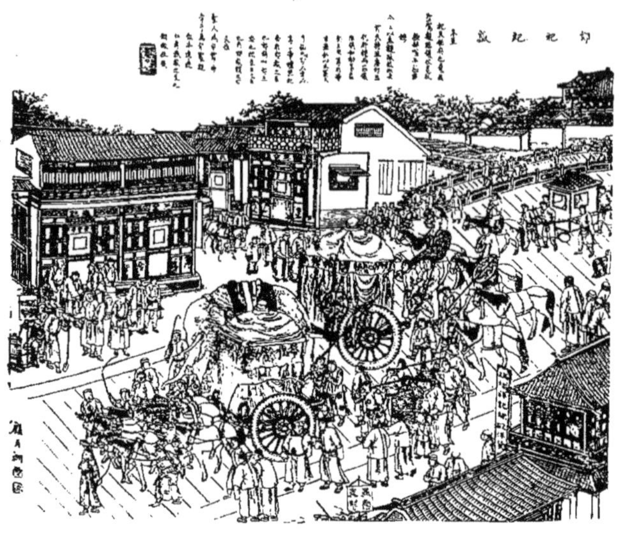

ARRIVÉE A PÉKIN DU TRIBUT DE L'EMPEREUR D'ANNAM.
(Texte page 200, alinéa 1.)

monde : le riz, le thé, le coton, la soie, les fourrures ?

Mais, comme le disait notre auguste « nei ko » Young Lou (1), les Barbares avaient besoin de la Chine pour vivre. Vous avez donc traversé les mers et nous avez forcés à entrer en rapport avec vous. Au commerce, que notre gouvernement

(1) « Nei ko », Grand-Secrétaire et Chancelier impérial; c'est la plus haute fonction de l'empire.

Young Lou est ce Grand-Secrétaire dont l'Empereur ordonna l'arrestation en 1898, parce que rien n'était fait pour appliquer les édits réformateurs. Averti par Waun Shi kaï, il courut se jeter aux pieds de l'Impératrice. Il en résulta le coup d'Etat du 22 septembre 1898. Young Lou mourut en 1904.

magnanime avait autorisé, vous avez ajouté le trafic clandestin de l'opium. Ce fut un riche débouché pour votre poison. Mais quand notre gouvernement vit les effets désastreux du « yang yow », il défendit son importation.

Après maintes sommations, le commissaire Li fit saisir et détruire les cargaisons d'opium des navires en rade et les approvisionnements des magasins européens ; d'où la guerre.

Nous n'étions pas des guerriers et nous fûmes vaincus. Alors, quand vous avez découvert que nous ne sommes pas une puissance militaire, vous avez précipité les discussions et jeté le glaive dans la balance. Nous étions à votre merci, car tous les principes de notre éducation nous ont conduits à mépriser la profession des armes. Les troupes provinciales et impériales sont une police bien plus qu'une armée. Notre armement et notre marine retardent sur les vôtres. Nous allons être obligés de changer tout cela. La race aux cheveux noirs aura une armée et une flotte en vue de la guerre ; mais, au nom de cette civilisation dont vous parlez tant, nous considérons que c'est là un mouvement rétrograde. Nos sages disent avec Confucius : « Si le droit est le droit, pourquoi ne peut-il suffire? Pourquoi doit-il avoir la force en croupe?... » Mais vous êtes inaccessibles à ces raisonnements.

Vous nous avez dicté des traités; des ports vous furent ouverts. Hongkong, qui vous avait été cédé comme station navale de ravitaillement, devint un centre de contrebande. La saisie d'un navire qui battait pavillon anglais, l'*Arrow*, ramena la guerre. De nouvelles stipulations nous furent imposées, origine, à leur tour, de troubles ultérieurs.

Or, vous, Barbares d'outre-mer, vous nous tenez ce langage étrange :

« Vos lois ne méritent pas le nom de lois, vos juges sont corruptibles à merci et rendent l'injustice; la torture est en honneur; vos prisons sont des géhennes; les châtiments sont atroces. Aussi enlevons-nous les nôtres à votre juridiction.

» Mais nous savons qu'il y a beaucoup d'argent à gagner sur vos marchés; ouvrez-les-nous. Vous nous accorderez, en outre, des privilèges dont vos nationaux ne jouiront pas, tels que les exemptions de « likinn » en transit.

» Et malheur à vous si vous n'observez pas les traités qui consacrent les droits que vous avez dû nous reconnaître! »

Ainsi vous pouvez violer impunément notre loi écrite ou coutumière. Vous pouvez, sans être justiciables de nos tribunaux, compromettre à jamais nos « feng shui »! Abusant de ce privilège, vous n'avez pas cessé de nous nuire. Est-ce ainsi que vous appliquez l'enseignement de vos missionnaires?

« VOUS NOUS AVEZ DICTÉ DES TRAITÉS. »

(Texte page 203, alinéa 1.)

Quant à ceux-ci, leur présence est une insulte. Elle équivaut à la condamnation de notre conduite, de notre culte et de nos ancêtres.

Chaque « kiao thou » est un danger public, car il ne prend plus part aux pratiques natives et la vengeance des génies irrités nous frappe de terribles fléaux.

Le résultat? Il se résume ainsi : d'abord le missionnaire, puis l'enquête des consuls, puis la canonnière, à laquelle vous êtes si prompts à faire appel.

Que la charité de chacun s'exerce chez soi ! Nous n'avons pas besoin de vos hôpitaux et de vos asiles (1).

Enfin — et ici le vrai devient inimaginable — ces mêmes nations barbares, qui outragent le droit dans chacun des traités imposés à notre pays, ces mêmes nations barbares qui ignorent les maximes de Confucius et des anciens sages en ce qui concerne la conduite des hommes les uns envers les autres dans cette vie, ces mêmes nations barbares

(1) Nulle part les orphelinats et les hôpitaux ne sont plus indispensables qu'en Chine Il est vrai que ces institutions charitables ont leurs dangers. L'issue malheureuse d'une opération chirurgicale et le grand nombre des décès parmi les enfants recueillis, souvent trop tard, donnent lieu à des accusations terribles, inspirées par les calomnies sans nombre admises comme articles de foi par les classes populaires et dont il est question au chapitre I.

viennent nous parler d'enseignement moral et de préparation à une existence ultérieure !

Nous ne voulons pas de votre idéal ! Avant de chercher à nous faire adopter une morale dont vous êtes vous-mêmes dépourvus, mettez vos actes d'accord avec les principes que vous prétendez nous imposer.

Introduire de force l'opium pour votre plus grand bénéfice et notre plus grand malheur, envoyer vos armées et vos flottes voler nos ports et nos provinces : sont-ce donc là des effets de la fameuse morale que vous prêchez ? Vous gaspillez de l'argent à distribuer des Bibles pour la rénovation du monde, mais vous ne vous faites pas scrupule de fouler aux pieds les feuilles portant des caractères chinois, symboles sacrés de la pensée humaine.

Voilà des années d'ailleurs que vous nous montrez vous-mêmes la distance qui sépare la théorie de la pratique. Vos excès de 1900 en ont fourni la dernière preuve. La plus grande partie du palais impérial et des palais des princes mandchous fut pillée et mise à sac. Prenant part à la curée, certains résidents de Pékin ont acquis pour rien ou presque rien de merveilleux ivoires, des laques et des bronzes incomparables, des cloisonnés sur or, des émaux sans prix, des sanguines millénaires.

Les havre-sacs de vos fantassins étaient bourrés

L'AMIRAL COURBET ANÉANTIT A FOU TCHOW LA FLOTTE CHINOISE.

L'OCCUPATION : BIVAC D'UN RÉGIMENT DE CAVALERIE SIKH
A TIENN TSINN.

„ **Envoyer vos armées**
et vos flottes voler nos ports
et nos provinces... ”

(Texte page 206, alinéa 3.)

de « sycies ». Parfois, la charge étant trop lourde, des sabots d'argent étaient jetés dans les fossés de la route. Les équipages de l'intendance les ramassèrent et les soldats rentrèrent en Europe enrichis de nos dépouilles.

Les faits abondent, édifiants.

Un officier est rencontré porteur d'une magnifique pelisse de renard bleu.

— Combien vous a-t-elle coûté?

— Un dollar « mex » (1).

— Comment cela?

— J'avais le dollar dans la main gauche et le revolver dans la main droite...

PALAIS IMPÉRIAL. — ENTRÉE DES APPARTEMENTS DE L'IMPÉRATRICE.

Ce voleur galonné eût pu se dispenser d'offrir le dollar.

Ce fut un beau pillage à Pékin, que celui de la « ville violette impériale et défendue ». Quand, le 28e jour de la 12e lune, la Cour rentra dans les palais impériaux, nous avons vu ce qui restait de tant de merveilles

(1) Le dollar mexicain vaut environ de 0.71 à 0.74 taël, et celui-ci a varié dans ces dernières années entre fr. 2.85 et fr. 3.80.

LA VILLE VIOLETTE IMPÉRIALE ET DÉFENDUE.

VUE DE LA VILLE IMPÉRIALE. — LAC ET PONT DE MARBRE.

„ Ce fut un beau pillage
que celui de la ville violette... "

(Texte page 208, alinéa 9.)

LES COLLINES DE L'OUEST ET LA RÉSIDENCE IMPÉRIALE.

que les siècles avaient accumulées : grands écrans de cérémonie à monture d'or massif, brûle-parfums d'un incomparable travail, ivoires délicatement ajourés représentant des paysages et des chasses, sceaux et sceptres impériaux en jade ou en lapis, soieries merveilleuses aux broderies admirables, tout avait disparu !

Profanation suprême, les neuf tablettes ancestrales du temple du Ciel avaient été volées !

Où sont aujourd'hui les livres anciens des bibliothèques impériales ? Où sont les merveilleux instruments d'astronomie construits par les Jésuites sous le grand empereur Kang Hi ?

Au moins si vous aviez respecté ce que vous ne pouviez emporter ! Mais une frénésie de destruc-

„ Où sont les merveilleux instruments d'astronomie construits par les Jésuites sous le grand empereur Kang Hi? "

(Texte page 210, alinéa 3.)

tion s'empara de vous. A coups de bottes, à coups de crosse de fusil, vous avez réduit en miettes les dais incrustés de nacre et de pierres précieuses et les bas-reliefs merveilleusement sculptés. Vous avez brisé les grands sceaux des neuf autels mortuaires de nos empereurs!

Nous avons retrouvé dans les jardins et dans les bassins de marbre des amoncellements de cassons et de ruines. Nous pouvions y reconnaître des fragments de vases monochromes, des débris de portiques, de kiosques et de colonnes sculptées, ainsi que des morceaux de cloisonnés, de laques rouges et de cuir chevelu ensanglanté...

Déjà, il y a quarante ans, l'incendie et le pillage du Yuenn Ming Yuenn (palais d'été) avaient couvert d'une honte éternelle les Occidentaux qui s'en rendirent coupables. Mais, depuis, vous avez fait bien mieux!

« YUENN MING YUENN » (LE PALAIS D'ÉTÉ, A PÉKIN).

Vous vous êtes dits les détenteurs de la vraie civilisation et les propagateurs d'une religion de miséricorde, et pourtant vous avez foulé aux pieds tout ce qui s'appelle

PONT DE MARBRE DANS LE PARC DU PALAIS D'ÉTÉ.
(Texte page 212, alinéa 3.)

l'honneur... Quel sort atroce fut celui des femmes qui n'avaient pu fuir et qui avaient reculé devant le suicide? Combien a-t-on retrouvé de nos filles la gorge tranchée, la tête scalpée, le corps mutilé (1), suivant la fantaisie atroce de soudards ivres, lâches représentants de nations dites civilisées?

Dans les campagnes, toutes les tombes ont été violées. Pour vous approprier l'argent déposé dans les cercueils, vous avez éventré ceux-ci. Et les cadavres, achevant de pourrir sur le sol, semblent crier vengeance pour cette atroce profanation.

RUINES DE LA CHAPELLE CATHOLIQUE DU PALAIS D'ÉTÉ
(construite par les Jésuites).
(Texte page 212, alinéa 3.)

Je ne vous rappellerai pas les massacres de tant de pauvres gens qui ne se défendaient pas, dans les villes et les villages où passèrent vos

(1) Ces abominations que Yenn Tcheng Tchow dépeint comme fréquentes ont eu heureusement le caractère de crimes isolés.

RUINES DE LA CHAPELLE CATHOLIQUE DU PALAIS D'ÉTÉ
(construite par les Jésuites).
(Texte page 212, alinéa 3.)

soldats. Je n'évoquerai pas le souvenir sanglant de tant de basses œuvres abominables. Que de fois vos baïonnettes ont troué la poitrine de malheureux qui demandaient grâce, les bras en croix! Que de boucheries atroces et inutiles sous les yeux des mères et des femmes échevelées, désespérées, à demi folles!

Destruction de ce qui ne se pouvait emporter, égorgement des enfants, profanation des tombes, massacres inutiles : telles furent vos œuvres.

La paix était signée depuis longtemps que vous abattiez encore à coups de fusil les coolies qui n'observaient pas les règles de l'hygiène.

Connaissez-vous l'opinion d'un officier japonais qui prend à partie les Occidentaux dans le *Dji Dji,* le grand journal de nos frères à cheveux noirs du Nippon?

« Après les massacres de Port-Arthur, pendant la guerre sino-japonaise, vous avez dit que nous nous sommes conduits avec une grande cruauté. Nous avons résolu d'agir désormais de telle sorte que ce reproche ne nous soit plus jamais adressé. Mais nous avons vu, après le siège des légations, ce dont vous êtes capables, et nous vous refusons le droit de nous instruire. »

Nous ne voulons pas de ce que vous appelez le progrès ! Ce serait dans notre pays l'augmentation en nombre et en influence des représentants d'une race exécrée ; ce serait l'abolition des études classiques, la fin du mandarinat et de nos croyances.

C'est pourquoi nous haïssons vos ministres plénipotentiaires, car ils synthétisent l'intervention étrangère abhorée. Ils tracassent nos plus hauts dignitaires en leur soumettant les plus minimes réclamations venues des ports et nous troublent continuellement par leurs demandes d'indemnités et de compensations. Pour mettre le comble à leurs orgueilleuses prétentions, ils ont voulu être reçus en audience par l'Empereur sans lui rendre les salutations « tchao kienn » (1) qui lui sont dues.

(1) La salutation « tchao kienn » (littéralement : empereur voir) est la première des quatre « ko tow » ou marques de respect solennelles. Elle consiste en neuf prosternations consécutives après lesquelles on doit se relever. Chacune de ces prosternations ou « ki cheow » consiste à s'agenouiller, à porter à hauteur du front les deux poings réunis et recouverts par les manchettes « ma ti séou », puis à abaisser lentement la tête sans toucher le sol ; enfin, à la redresser en séparant progressivement les deux bras. Cette marque de respect est due à l'Empereur ou à sa tablette mortuaire.

La dernière injustice criante qu'ils ont commise est le règlement de l'indemnité arrachée en 1901 à notre Gouvernement. Quatre cent cinquante millions de taëls devaient être payés en trente-neuf ans. Non seulement cette somme dépassait de beaucoup les dommages subis par les étrangers, mais elle était doublée par les intérêts composés à 4 p. c., que vous exigiez. En 1940, nous vous aurons versé de ce chef plus de 985 millions de taëls.

Ainsi, dans tous vos rapports avec nous, vous avez foulé aux pieds la justice.

Je terminerai par un mot de notre grand mandarin Wenn Gsiang qu'il prononça au cours des négociations de 1868 avec Sir Rutherford Alcock.

On citait devant lui, comme un des bienfaits de l'influence étrangère, les « hsinn kouann » (1) qui sont représentées comme un modèle d'organisation,

(1) Littéralement : nouvelles douanes; ce sont les douanes maritimes impériales, placées depuis 1863 sous les ordres de Sir Robert Hart (« tsoung shui wou szou » ou inspecteur général), assisté du « hsinn kouann noui pann » (personnel du service intérieur et des bureaux de statistique) et du « wai pann » (personnel des douaniers). Outre le service des douanes, les « hsinn kouann » sont chargées du balisage et de l'éclairage des côtes et des rivières. Le revenu des douanes s'élevait, en 1904, à 31,500,000 taëls. Elles utilisaient, en 1904, 957 étrangers et 4,138 Chinois.

mais qui ont tari les ressources de tant de mandarins. « Ne croyez pas, disait-il, que l'accroissement de recettes des douanes nous fasse plaisir : volontiers, pour n'avoir plus affaire aux étrangers, nous

NOUS AURONS UNE ARMÉE CAPABLE DE RÉALISER NOTRE RÊVE : VOUS JETER HORS D'ICI.

(Pièce Krupp servie par des artilleurs chinois.)

(Texte page 218.)

nous taxerions d'une somme équivalente au revenu maximum des « hsinn kouann ».

Cette dernière phrase est la synthèse de tous nos sentiments à votre égard. Oui, nous voudrions être débarrassés de vous.

Le même sol ne peut produire toutes les végétations : c'est pourquoi les méthodes occidentales doivent échouer dans notre pays. Un seul avantage résulterait pour nous de l'adoption de votre civilisation, celui de nous donner une flotte et une armée capables de réaliser notre rêve à tous : vous jeter hors d'ici. Le jour où nous pourrons vous chasser de notre pays, vous, vos ministres, vos missionnaires de toutes dénominations, vos commerçants, vos innovations odieuses et vos abus sans nombre, ce sera entre les quatre mers un immense cri de soulagement et de joie!

Achevé d'écrire par Yénn Tcheng Tchouo, en sa maison de Canton, rue des Cinq Cents Génies, la veille de la fête du Grand Dragon, le 4 de la 3e lune de la 30e année de Kouang Su (1904).

CHAPITRE IV.

OPINIONS D'UN BOXER.

OPINIONS DE HO TCHING KI,

Maître d'école et Boxer nationaliste
à Kaî Fong Fou (Ho Nann)

(D'APRÈS DES NOTES, SOUS FORME DE JOURNAL,
CÉDÉES A L'AUTEUR
POUR 57 TAELS DE TCHANG CHA.)

« Comme le mandarin
chante, le peuple danse. »
(Dicton chinois.)

Le 31 mars 1904.

JONQUE SUR LE SIANG.

Le *Siang Kiang Marou* (1) a quitté Lou Ling tann à l'aube, pour remonter lentement les eaux bourbeuses du Siang. Vers l'Ouest, à perte de vue, s'étendent les plaines immenses du lac Toung Ting, non submergées encore. Vers l'Est, quelques rides s'estompent dans le lointain brumeux. La pluie fait rage.

(1) Steamer japonais. Les autres vapeurs faisant le service entre Hankow et Siangtann sont le *Yuenn Kiang Marou* (Compagnie japonaise), le *Changwo* (Compagnie Jardine) et le *Shâsi* (Compagnie Butterfield). Le second est à roue de poupe, les autres sont à hélice. Ces bâtiments tirent 5 pieds d'eau environ et ne parcourent le Siang que d'avril à novembre. Le niveau du Siang monte et descend parfois de 30 pieds en quelques heures. La rivière n'étant pas balisée, les steamers jettent l'ancre à la nuit tombante.

Vers sept heures, en vue de Siang Yinn, le vapeur ralentit sa marche. Un bac à godille et à rames se détache de la rive, chargé pêle-mêle de Chinois abrités sous des parapluies huilés, de coffres vernissés rouges ou noirs, de malles jaunes en peau de porc, de cages à volailles et de sacs de riz. L'embarcation heurte violemment le *Siang Kiang Marou* et glisse le long du bordage. Les mariniers accrochent au pont inférieur le fer de leurs gaffes en bambou et saisissent l'amarre qui leur est jetée. Alors, dans une précipitation désordonnée, les nouveaux passagers enjambent le bastingage du navire. Un brouhaha d'altercations et de cris s'élève. Le bagage est jeté à bord. Sous une tempête de vociférations, les passagers chinois à destination de Siang Yinn se laissent choir dans la barque plate suivis bientôt par leurs coffres et leurs paniers, qu'on leur jette ; puis l'amarre est lâchée.

Les eaux sont basses, comme le montrent les trépidations violentes de l'hélice et la vase soulevée dans le sillage du navire. On entend le cri monotone des matelots chinois qui lancent le plomb de sonde et indiquent la profondeur en *fathoms* (1).

Nous cotoyons quelques digues revêtues de larges

(1) Mesure anglaise valant 6 pieds.

dalles de granit et couronnées de villages qui s'allongent sur les crêtes. Celles-ci dominent de douze mètres environ le niveau actuel du fleuve.

De longs trains de bois, sur lesquels sont construites quelques huttes en planches, descendent lentement la rivière. Des canots à huit pagaies opèrent des tractions, tantôt en un point de ces radeaux, tantôt en un autre. Sur de simples cadres en madriers, trois pêcheurs manœuvrent un filet ingénieux. Des barques étroites portent sur leur bordage des cormorans solennels et sombres, dont le goître est entouré d'un anneau en corde. Des jonques passent, si nombreuses parfois que leurs voiles déployées semblent barrer d'un seul écran gris l'horizon sur la rivière. Cà et là, dans des criques, des canonnières sont ancrées où des soldats fument l'opium, dorment ou baillent au service de leur gouvernement.

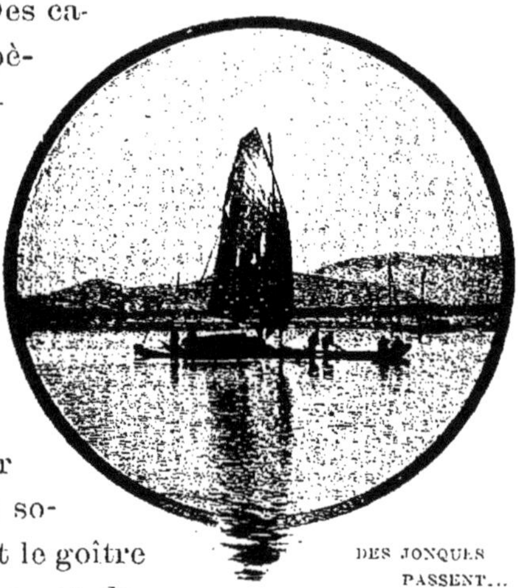

DES JONQUES PASSENT...

Le sol s'accidente peu à peu et voici la gorge étroite de Tchinn Kong avec ses villages de potiers sur les deux rives.

FILETS INGÉNIEUX. (Page 223, alinéa 2.)

FILETS INGÉNIEUX. (Page 223, alinéa 2.)

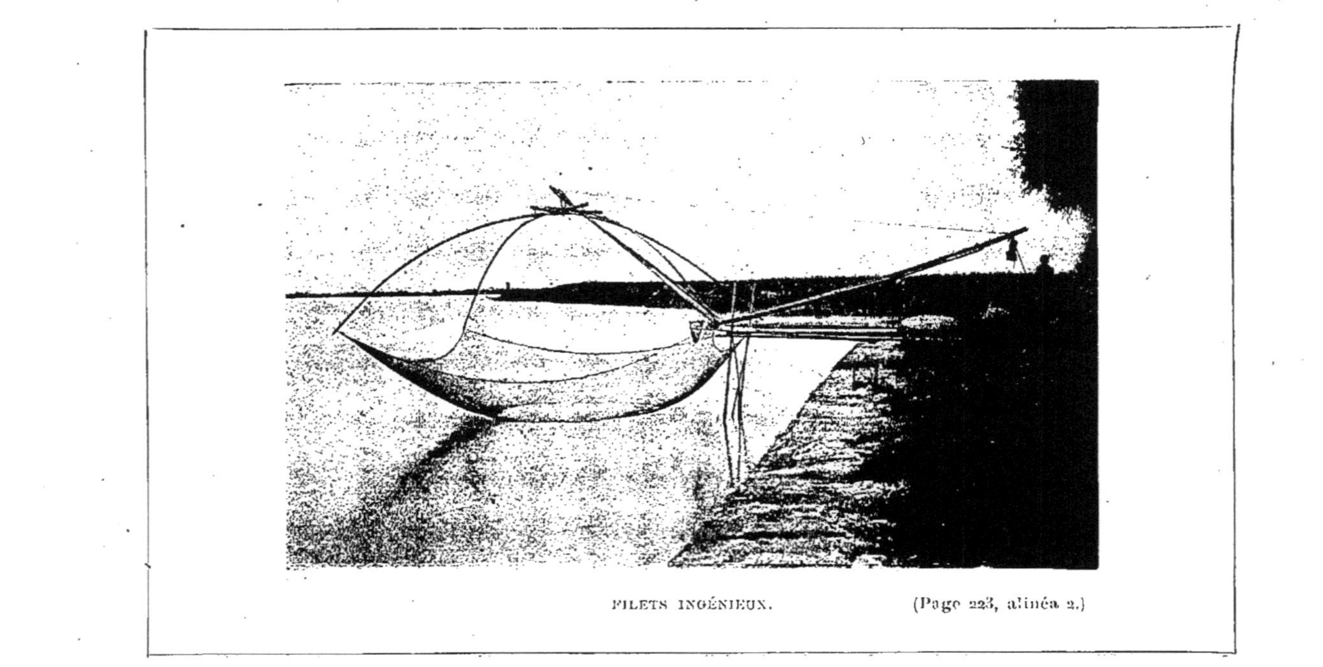

FILETS INGÉNIEUX. (Page 223, alinéa 2.)

AU LOIN,
LES VOILES DÉPLOYÉES SEMBLENT BARRER, D'UN SEUL ÉCRAN GRIS, L'HORIZON SUR LA RIVIÈRE.

(Page 223, alinéa 2.)

DES CANONNIÈRES OÙ DES SOLDATS BAILLENT AU SERVICE DE LEUR GOUVERNEMENT...

(Page 223, alinéa 2.)

DES CORMORANS SOLENNELS ET SOMBRES SONT PERCHÉS SUR LE BORDAGE...

(Texte page 223, alinéa 2.)

Vers midi, Tchang Cha est en vue, prolongée par Ching Kwâ hsienn. En face, sur la rive gauche, s'étendent les gros bourgs de Loung Wang Sé et de Saï Lou Tchow. L'île sablonneuse de Mou La Tchow divise le fleuve en deux bras inégaux. Un

EN AVAL DE SAÏ LOU TCHOW.

millier de jonques sont ancrées le long de la rive droite. Ce qui frappe tout d'abord à Tchang Cha, ce sont les cheminées de la fonderie d'antimoine, car les usines sont un trait bien rare dans les paysages de l'intérieur de la Chine. Puis le regard est attiré par des toits d'émail verts et dorés, à crête aiguë, à pente très raide, qui se redressent à la base en cornes verticales. Ils recouvrent les *yamênn* du *fou taï*, du *tchi fou*, et des

Mon boy transborde mes bagages sur une jonque fretée pour Kia Kow...

sz tao (1), ainsi que le pavillon central des halls d'examens.

Pendant que mon *boy* transborde mes bagages sur une jonque fretée pour Kia Kow, je me fais conduire chez le vieux lettré Ho, qui vend des gravures curieuses et tient une école dans la rue des *Cent béatitudes.* Il m'a procuré, l'an dernier, le *Coup de mort à la Doctrine corrompue*, ce pamphlet haineux qui accuse les étrangers de crimes abominables.

Le *sampang* aborde près de la porte *Si Menn.* Sur le terre-plein pavé du gros rempart noirâtre, de vieux canons couverts d'une toiture en bois sont en batterie devant les embrasures carrées d'un parapet crénelé.

Je passe près du *yamênn* des affaires étrangères. Dans la crête de sa muraille sont ménagées des encoches où de beaux arbres inclinés semblent incrustés.

Un policeman en tenue sombre me file discrètement (2).

(1) Les *sz tao* sont le grand juge criminel *nié taï* ou *ngann tchasz* et le trésorier provincial *fann taï* ou *pou cheng sz.*

(2) Depuis le massacre à Tchang Cha de deux mission-

Voici la ruelle des *Cent béatitudes* et l'école du lettré Ho Tchinn kî, dont j'entends les élèves bien avant de les avoir vus : ils clament leurs leçons de toute la force de leurs poumons (1), mais s'arrêtent net en voyant entrer le *fann kwei*.

Avec l'air d'un homme qui rumine un système philosophique nouveau, maître Ho fume sa longue pipe et cure ses ongles démesurés. En m'apercevant, il se lève, me reconnaît, ôte ses grosses lunettes à monture d'écaille qui ont huit centimètres de diamètre et lui donnent l'air grave et savant. Il se précipite à ma rencontre et, après les salutations d'usage, il me fait monter un escalier raide et me montre ses gravures et ses livres anciens. Pendant cet examen, quelques pages manuscrites reliées de soie verte piquent ma curiosité. Ho déclare que ce document n'est pas à vendre : c'est une sorte de journal confidentiel qu'il a tenu pendant les troubles de Kaï Fong fou, alors qu'il habitait cette ville. Mais j'insiste. Après avoir invoqué la vérité et la droiture, après en

naires anglais en 1902 et les réparations éclatantes exigées par l'Angleterre, tout étranger qui débarque en cette ville est filé par la police. Elle sait où il va, où il s'arrête et ce qu'il fait. Elle a pour mission de le protéger.

(1) Une classe réunit des enfants de 7 à 16 ans. Tous crient ensemble et chacun répète une leçon différente de celle de son voisin.

avoir appelé au Ciel, aux ancêtres et à la raison, après avoir cité Confucius, Mencius et les sages, Ho finit par me vendre le manuscrit et l'appendice dont je donne ci-après la traduction fidèle.

***

« Moi, Ho Tching kî, adepte indigne de la grande secte boxer des *Grands Couteaux* appelée *Tâ Tao Tchouei*, j'ai été initié à ses rites par mon ami Lo Tcheung liang, le fabricant de socs de charrues, qui habite rue des Neuf Génies de la Montagne du Sud, dans le quartier Est de Kaï Fong. Nous tous, qui faisons partie de cette vénérable et terrible société secrète, sommes fidèlement attachés au sage Fils du Ciel Shing Tienn tz. (Puisse-t-il vivre dix mille fois dix mille ans !) Libérer, dans un élan national irrésistible, notre pays de l'influence abhorée des Barbares, tel est notre but.

» Depuis trois mois, la sécheresse règne sans interruption et les récoltes sont perdues. Or, le premier jour de la 3e lune de la 26e année de Kouang Su (31 mars 1900), Lo vint me dire que Tcheng Pe tcheng, chef des *Grands Couteaux* de Kaï Fong, a reçu de Wo Long shing, grand maître de la *Lanterne Rouge* à Tsao Tchow Fou (Chann Toung), un gros paquet de proclamations (1). Elles disaient en substance que cette longue sécheresse, source d'afflictions si cruelles entre les quatre mers, trouve sa cause dans l'altération profonde des « feng shui » par les voies ferrées et les serpents de fil métallique qui traversent le Tchoung Wha Kwo (Royaume fleuri du Milieu). Les poteaux dessèchent l'atmosphère. Les ombres projetées par les fils, les tranchées ouvertes aux points où les veines du dragon affleurent, les travaux de fonçage des piles de pont et le percement des tunnels bouleversent les *feng shui*. Les cheminées d'usines, les hautes constructions, les lunettes par lesquelles on regarde au travers de la terre (2), le bruit des machines de feu, la seule présence même des étrangers irritent les Génies et les indisposent à notre égard. Grande est la colère des Dieux et des *Tchenn*, contre la barbarie sans nom des étrangers. Les horreurs commises par eux

(1) Pour comprendre la rapidité de la propagation du bacille boxer, il faut tenir compte de ce que des émissaires envoyés dans toutes les directions distribuaient à profusion des pamphlets et des placards. La phraséologie de cette littérature xénophobe était la même à Pékin, à Kaïfong, etc. On distribuait partout d'innombrables manuels boxers.

(2) En mai 1904, je mesurais la largeur de Yuenn à Teh Shann, à 12 kilomètres en aval de Tsenn Tchow. Un vieux Chinois expliquait à la foule les opérations du levé. « Cet étranger regarde dans ce tube pour découvrir les gisements d'or et d'argent cachés dans nos collines. »

ne doivent plus être gardées secrètes : la preuve a été faite que de pauvres enfants chinois furent enterrés vifs sous les piles des ponts construits par les *fann Kwei* (diables étrangers). Chacun de nous a le devoir absolu de propager ces accusations et de tirer une vengeance terrible de ces crimes infâmes (1). »

Telle est, en résumé, la teneur de cet appel au peuple. Ces proclamations sont lancées par milliers dans les villes et les villages. Pour ma part, j'ai à répartir huit cents de ces imprimés dans les rues des *Dix mille Ages*, du *Grand Dragon volant* et de *l'Heureuse Longévité*.

Depuis lors, il ne se passe guère de jour où Lo ne m'apporte des nouvelles à répandre. « Une qualité indispensable au maître d'école est la méthode, » dit Tseng Fou tze (2). Fidèle à ce principe du vénérable Sage, dont je suis le disciple très indigne, j'ai résumé ainsi qu'il suit, par ordre de

(1) Note de Ho Tching ki : « L'évidence des preuves devint si absolue, qu'à Wou Tchang, le 3e jour de la 5e lune de cette année (26e année de Kwang Su), quatre Chinois traîtres furent pendus pour avoir fourni aux ingénieurs du Louhan de malheureux enfants destinés à être enfouis sous les fondations des piles. Périssent ainsi frappés par la vengeance populaire tous ceux qui pactisent avec les Barbares et sont complices de leurs crimes ! »

(2) Le philosophe Tseng, qui s'est illustré en écrivant les « Seutchou », c'est-à-dire les quatre livres classiques extraits de Confucius, de Tseu seu et de Mencius.

dates, les principaux manifestes qui m'ont été successivement remis par Lo Tcheung liang, pour être distribués en dehors de la porte de l'Est :

Le 6e jour de la 3e lune de la 26e année du Kwang Su (5 avril 1906).

« Les Chrétiens et les Barbares irritent nos Dieux et nos Génies par leur vie scandaleuse : telle est l'origine des fléaux qui fondent sur nous. La terrible sécheresse qui désole cette année d'immenses régions se prolongera tant que résidera *entre les quatre mers* un seul diable d'Occident. »

Le 10e jour de la 3e lune (9 avril).

« Les routes de fer et les voitures de feu troublent le dragon terrestre et détruisent les bonnes influences du sol. Le liquide rouge qui dégoutte du serpent de fer — (l'eau de rouille tombant des fils oxydés du télégraphe) — n'est rien moins que le sang des esprits de l'air outragés. Des maladies sans remède nous frappent si ces gouttes empourprées tombent près de nous.

Le 21e jour de la 3e lune (20 avril).

« Il a paru dans notre pays une race d'hommes que leurs adhérents indigènes appellent *Chenn fou*, pères spirituels. Ces hommes viennent nous parler d'un crucifié, attirent et trompent une foule de gens par leurs paroles doucereuses et mensongères. En public, ces *kiao sz* paraissent exemplaires et bons, mais on ne saurait se débarrasser assez tôt de ces *fann kwei*, ainsi que de leurs disciples : *Châ tienn shou kiao! châ kiao sz! châ kiao thou*! (Mort à la religion du Maître du Ciel! Mort aux Missionnaires! Mort aux Chrétiens!)

Le 3e jour de la 4e lune (1er mai).

« Cette année sera extraordinaire à cause de la 8e lune intercalaire. On sait que chaque période de cinq ans comporte deux mois intercalaires, mais ce fait n'est un présage fâcheux que si le mois intercalaire est le huitième.

» On croit qu'à partir du cinquième mois, il y aura des événements terribles. »

Le 10e jour de la 4e lune. — Fête du Dragon et des Esprits de la terre.

On distribue un dessin montrant que les Européens fabriquent des substances précieuses au moyen des ossements de leurs victimes.

Voici, d'autre part, ce qu'on lit sur de nouvelles affiches : « Les Missionnaires arrachent les yeux, la moelle et le cœur des morts pour en faire des médicaments. Quiconque boit au presbytère un verre de *samshou* est frappé de mort : la cervelle fait sauter le crâne. Le thé que vous offrent ces traîtres est un poison qui corrode l'estomac. Les malheureux qui assistent au service religieux sont ensorcelés. Quant aux enfants recueillis dans les orphelinats, ils sont tués et leurs viscères servent à transmuter le plomb en argent et à fabriquer des médecines précieuses. »

Tout cela nous était connu, mais il est bon que les gens simples et ignorants apprennent ces choses.

Le secrétaire du *yamênn*, Hip Tai Wann, nous

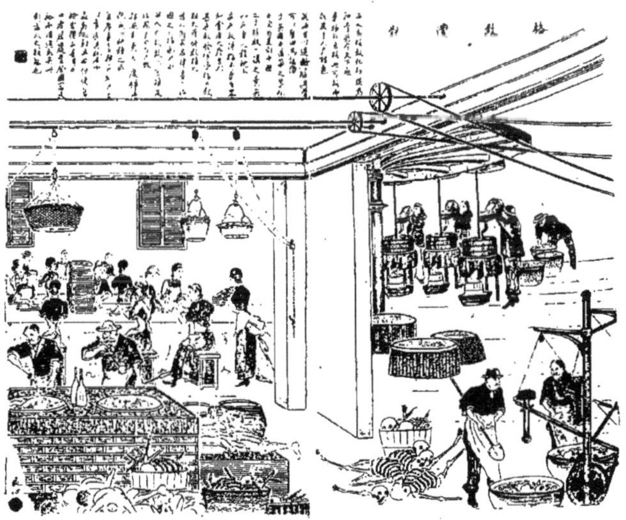

LES EUROPÉENS FABRIQUENT DES SUBSTANCES PRÉCIEUSES AU MOYEN DES OSSEMENTS DE LEURS VICTIMES.

(Texte page 235, alinéa 4.)

rappelle qu'à Nankin, la 19e année du Kwang Su (1893), la preuve a été faite que des Missionnaires ont mis un œil de verre à un Chinois Et, la 5e année du 76e cycle (1868), un membre de la *China Inland Mission*, à Yang Tchow, conserva dans l'alcool le corps d'un enfant (1). Bravant le jugement public, ce misérable étranger exposa le bocal à la fenêtre, jusqu'à ce que la population, dans une noble colère, eût brûlé les Missions.

Quelques bourgeois de Kaï Fong qui ont habité Tientsin se souviennent encore des crimes bien prouvés commis par les ingénieurs du chemin de fer Tientsin-Pékin. Ne se sent-on pas frémir d'indignation à entendre rappeler leur infernal procédé pour graisser les essieux des locomotives et des wagons? Les misérables *fann kwei* prenaient à gage de malheureux domestiques chinois et les gorgeaient de farine, de lard et de poisson. Puis ils conduisaient ces pauvres gens dans une salle secrète et les faisaient jeter dans une chaudière. Alors, les feux étaient poussés, l'eau bouillonnait et la graisse qui surnageait était recueillie pour lubrifier des machines.

Pris en flagrant délit, les chefs européens per-

(1) Un fœtus. Le fait est exact : ce Missionnaire manquait de préparations et son ignorance des superstitions chinoises était grande.

dirent la face et furent publiquement humiliés. Mais défendus, comme toujours, par leurs consuls, ils partirent impunis.

Les Chinois instruits se souviennent de ces horreurs, mais il est bon que les gens simples ne l'ignorent point.

Le 12e jour de la 4e lune
(10 mai).

« Le *lao yè*, Hip, nous rappelle encore comment les Barbares ont provoqué la mort de l'Empereur Toung Tchi, en la 12e année du 76e cycle

L'EMPEREUR TOUNG TCHI.

(1875). Ils arrivèrent avec une grande lunette, qu'ils braquèrent sur le soleil. Or, tout d'un coup, un point noir apparut sur l'astre rayonnant et, deux jours plus tard, l'Empereur mourait des *fleurs noires* (variole). Est-ce que le soleil n'est pas le symbole de la majesté impériale? D'autre part, la tache mobile ne figurait-elle pas le terrible mal, que les *yang kwei tz* firent passer à travers l'espace en se servant de leur lunette? Ils causèrent ainsi la mort du *Wann Sui* (Seigneur des dix mille ans : Empereur). Et au lieu d'expier leur crime dans les supplices du *linghi*, châtiment des régicides, ils purent encore une fois, grâce à leurs consuls, partir impunis (1).

Le 14e jour de la 4e lune (12 mai).

Les Génies célestes inspirent les adeptes des *Poings patriotes associés*, des *Grands Couteaux*

(1) Voici les faits : En janvier 1875, devait se produire un passage de Vénus sur le soleil.

Deux astronomes américains, Watson, de Michigan, et Young, de l'Université de Princetown, arrivèrent à Pékin pour observer le phénomène. Malheureusement, deux jours après le passage de Vénus sur le soleil, l'Empereur succombait à une attaque de variole. Or, les superstitions attribuent aux lunettes astronomiques le pouvoir de faire passer à travers l'espace les mauvaises influences. Les imaginations populaires se surexcitèrent au point que les deux astronomes durent quitter précipitamment Pékin.

et de la *Lanterne Rouge*. Les membres de ces puissantes sociétés vont entrer en lutte avec les diables d'Occident, détruiront les marchandises étrangères, extermineront les Barbares et remettront en honneur l'enseignement des Sages. C'en est fait, le Ciel vient d'arrêter ses desseins : le *Tâ Tsing Kwo* (le grand et pur royaume de Chine) sera nettoyé. En trois ans tout sera accompli, et la bonté des Dieux éclatera au grand jour. Certes, les secrets du Ciel ne peuvent être dévoilés à la légère, mais les jours à venir ne sont pas inconnus, tout au moins les années *yu miao* (1902-1903).

» Les Génies viennent de faire une révélation aux hommes : en leur promettant le bonheur, elle leur prédit la joie d'échapper, enfin, aux rapines et à l'oppression étrangères.

» Lettrés et Chinois respectables, ne méprisez pas ces avertissements. »

Le 17e jour de la 4e lune (15 mai).

Hip Tai wann, le *shey hye*, qui a souvent de longues conversations avec nos chefs Tcheng Pe tcheng et Lo, leur rappelait des crimes presque oubliés aujourd'hui. On sait qu'une tâche difficile ne peut s'accomplir sans sacrifices de vies humaines. Eh bien, lorsque la cathédrale de Shanghaï fut élevée, ses fondations furent établies sur des corps d'enfants chinois, afin d'assurer la stabilité de l'édifice. De même, le long des voies ferrées, à l'emplacement des grands ouvrages d'art, les cadavres des victimes des Barbares ont été ensevelis sous les traverses. Ces faits sont bien prouvés et le récit de ces abominations fait bouillir notre sang.

Le 20e jour de la 4e année (18 mai).

Lo me prête une brochure que nos chefs font circuler : c'est le *Coup de mort à la doctrine corrompue*, publié en la dernière année du 75e cycle (1862) par l'illustre Tsoung Tse shing, l'un de nos grands mandarins du Hou Péh (1).

Lo me montre encore trente-deux gravures en couleur, publiées par des lettrés du Hou Nann. Elles sont inspirées par une haine ardente et louâble. J'ai fait copier ces gravures et leur texte explicatif par le vieil écrivain public Wenn Liang koum, qui installe tous les jours sa table *Impasse des Perles*.

(1) Le livre est inspiré par le pamphlet de Yang Kwang Sienn, qui provoqua, dit le Père Jésuite du Halde, la persécution de 1624. C'est le même stock d'histoires ineptes et de calomnies infâmes : rapts d'enfants, mutilations sans nom, enseignements contraires à l'ordre social, perversions abominables.

L'un de ces dessins montre comment les Chrétiens extraient des orbites les yeux d'un mourant. On lisait déjà dans la proclamation hounanaise (art. 7) datée de la 3e année du 76e cycle (1865) : « Quand un Chrétien est à l'agonie, quelques autres convertis accourent auprès de lui, et font venir un prêtre désigné sous le nom de *Père spirituel*. Ils excluent les autres parents, sous prétexte de prier pour le salut du mort. En réalité, pendant que l'agonisant respire encore, ils enlèvent les yeux de l'orbite et le cœur de la poitrine, afin d'employer ces précieux viscères à la transmutation du plomb en argent. »

COMMENT LES CHRÉTIENS EXTRAIENT LES YEUX DES CHINOIS AU MOMENT DE L'EXTRÊME ONCTION.

D'autres images dénoncent les hideuses mutilations pratiquées par les Chrétiens sur les vivants, surtout sur les femmes et les enfants. C'est ainsi que les Occidentaux se procurent les matières premières de médecines coûteuses, de produits photographiques et de philtres merveilleux.

La gravure finale représente les pourceaux et

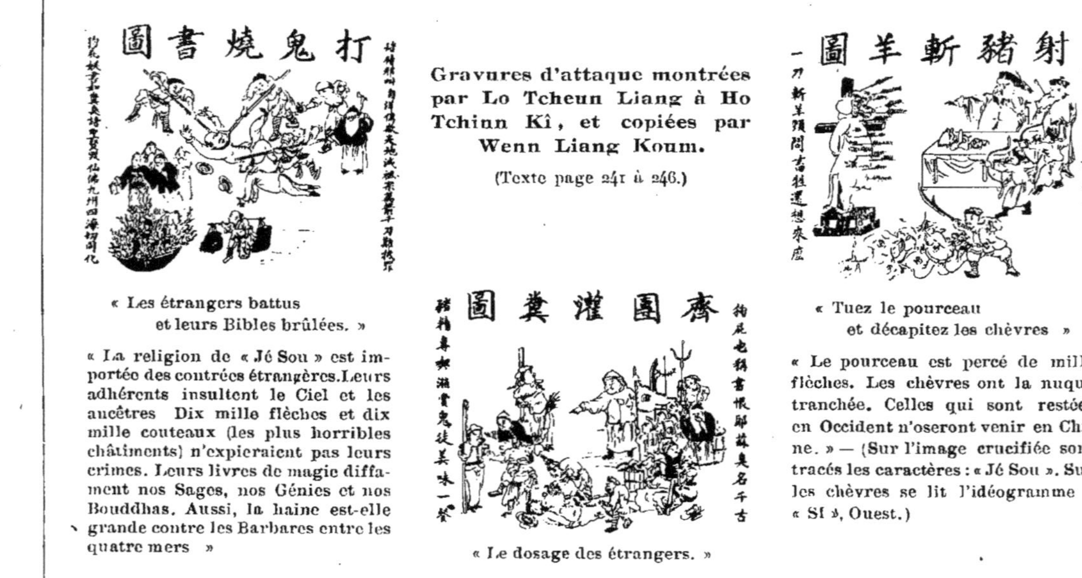

Gravures d'attaque montrées par Lo Tcheun Liang à Ho Tchinn Kî, et copiées par Wenn Liang Koum.

(Texte page 241 à 246.)

« Les étrangers battus
et leurs Bibles brûlées. »

« La religion de « Jé Sou » est importée des contrées étrangères. Leurs adhérents insultent le Ciel et les ancêtres Dix mille flèches et dix mille couteaux (les plus horribles châtiments) n'expieraient pas leurs crimes. Leurs livres de magie diffament nos Sages, nos Génies et nos Bouddhas. Aussi, la haine est-elle grande contre les Barbares entre les quatre mers »

« Le dosage des étrangers. »

« Tuez le pourceau
et décapitez les chèvres »

« Le pourceau est percé de mille flèches. Les chèvres ont la nuque tranchée. Celles qui sont restées en Occident n'oseront venir en Chine. » — (Sur l'image crucifiée sont tracés les caractères : « Jé Sou ». Sur les chèvres se lit l'idéogramme : « SI », Ouest.)

SUR L'ORDRE DES DIVINITÉS TAOÏSTES ET BOUDDHISTES, LES « BRAVES » DU HOU NANN METTENT EN PIÈCES LES ÉTRANGERS (LES CHÈVRES).

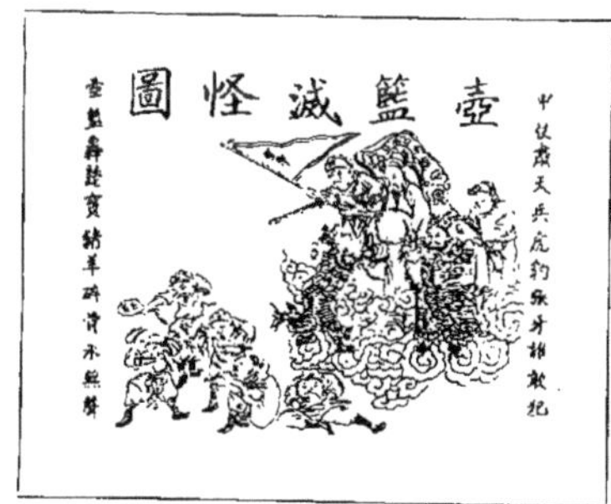

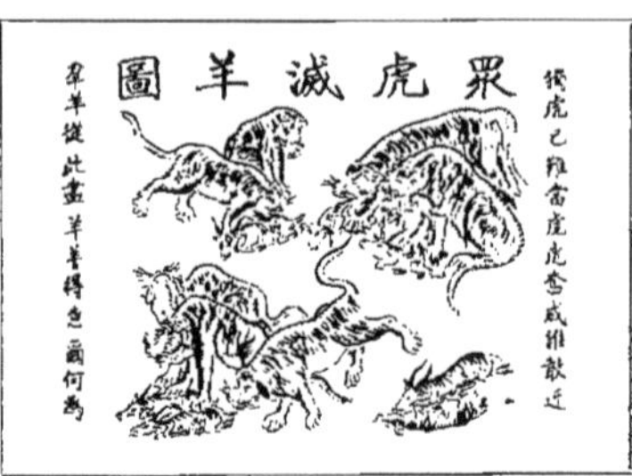

LES « TIGRES DU HOU NANN » (OU SOLDATS DU HOU NANN) METTENT EN PIÈCES LES CHÈVRES REPRÉSENTANT LES ÉTRANGERS.

Par un jeu de mots « Yang Jenn » peut signifier « homme de l'océan, étranger », ou « diables chèvres », selon le caractère employé et le ton de prononciation. Pour qu'il n'y ait pas de doute, le caractère « Si », « Ouest » a été tracé sur les chèvres.

LES CHIENS DU HOU NANN CHASSENT LES POURCEAUX MARQUÉS « KIAO THOU » (DISCIPLES), « KIAO SZ » (MISSIONNAIRES) ET « JÉ SOU ».

Par un jeu de mots, le son « kiao » peut signifier RELIGION ou POURCEAU, selon le caractère par lequel il est représenté et le ton sur lequel il est prononcé. C'est toujours le caractère injurieux qui figure sur les gravures xénophobes.

Gravures d'attaque montrées par Lo Tcheun Liang à Ho Tchinn Kî et copiées par Wenn Liang Koum.

(Texte pages 241 à 246)

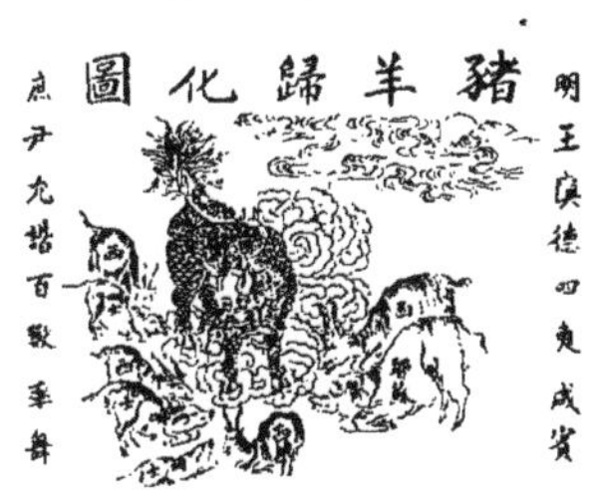

L'APOTHÉOSE FINALE

« Les pourceaux et les chèvres se soumettent au joug impérial. Les tribus sauvages sont soumises. L'harmonie règne. » — (Les pourceaux marqués des caractères « Je Sou », « kiao thou » disciple, « kiao sz », maître de la religion, s'agenouillent devant le « ki linn », animal fabuleux, roi des quadrupèdes. — C'est une allusion au livre de poésies appelé « Si King ». — Tous les étrangers et les Chrétiens réfractaires au joug impérial ayant été exterminés, ceux qui restent plient le genou devant le Confucianisme et la civilisation chinoise.

les chèvres (1) à genoux devant la Licorne. Cette apothéose symbolise la restauration de l'harmonie par la soumission définitive des Barbares au régime impérial.

Puissé-je voir ce jour triomphant!

Son aurore ne brille pas encore, mais notre peuple, qui supporte silencieux les griefs les plus intenses, se lèvera tout d'un coup dans une furie vengeresse, au moment où tout paraîtra oublié. Puissé-je vivre jusque-là! Puissé-je voir le dernier Barbare d'Occident demander grâce sous le talon des fils de Han!

(1) Les Chrétiens et les étrangers. Il y a ici encore deux jeux de mots chinois. Nous avons dit (page 54) comment, par un calembour, les syllabes *kiao thou* et *kiao tz* signifient *pourceau-élève* et *maître-pourceau* au lieu de disciple et Missionnaire. De même, les mots *yang jenn* (hommes des mers, étrangers) sont représentés par des caractères ayant le même son, mais qui, se prononçant sur un autre ton, signifient *hommes-chèvres*. Les pourceaux et les chèvres symbolisent donc respectivement les Chrétiens et les étrangers.

Le 25e jour de la 4e lune (2 mai).

Le *shey hyc* nous rappelle la mainmise récente sur Kiao Tchow, Port Arthur, Wei Ha Wei, Kwang-Tchao. Les détails qu'il nous donne portent à leur comble notre haine et notre colère. Malheur à l'étranger !

Je continue de m'initier aux mystères de notre grande secte. Beaucoup d'entre nous parviennent à un degré d'initiation que je leur envie (1). J'y arriverai un jour.

Il est infiniment peu probable que ce journal tombe jamais entre les mains d'un Barbare. Cependant, je me garderai bien de relater ici ce qui m'est révélé. Je me bornerai à mentionner ce qui ne peut nuire à notre sainte cause. Certes, j'ai noté nos incantations et nos formules magiques, afin d'instruire à mon tour de jeunes adeptes, mais je garde toujours ces pages précieuses en

(1) Il arrivait que ces fanatiques, par un phénomène d'auto-suggestion, passaient par des états semblables à ceux de l'hypnose : sommeil, catalepsie, somnambulisme et anesthésie à l'état de veille. C'est pendant la catalepsie, disent les Chinois, que l'esprit invoqué entre dans le corps du boxer. Les troisième et quatrième états sont caractérisés par une surexcitation extrême pendant laquelle le sujet ose tout parce qu'il se croit invulnérable. Le côté mystérieux, l'apparence surnaturelle des ces pratiques exerçaient une action puissante sur l'imagination populaire.

lieu sûr. Je ne les montrerai à un néophyte que s'il jure de ne jamais dévoiler ces secrets à un Barbare (1). Tout ce que je dirai ici, c'est que le matin d'une rencontre nous devons nous agenouiller et nous tourner vers le Nord. Puis, nous disons la formule magique qui nous rend invulnérables.

Car nous sommes invulnérables! Voici le contexte d'une lettre adressée au comité de notre ville à Tsao Tchow Fou (Shantoung) le 1er jour de la 5e lune (28 mai) : « Vous devez savoir que Yu Henn, le noble Ke Sheng Tsoung Tou (gouverneur général) mandchou de notre province, a fait venir quelques-uns de nos frères dans son *yamênn*. Ils subirent avec le plus grand succès des épreuves qui prouvèrent à Yu Henn la réalité de leur prétention à l'invulnérabilité. Notre grand gouverneur les conduisit devant le prince Touann, puis devant l'Empereur, et partout la démonstration de cette invulnérabilité fut péremptoire. Peu de temps après, les soldats du maréchal Nièh dirigèrent un feu terrible sur nos frères, qui sortirent du combat sans une égratignure (2). Il faut être aveugle ou insensé pour ne

(1) Voir, en annexe à ce chapitre, les notes secrètes du même Ho Tchinn ki vendues par lui au Barbare Harfeld, en 1905, pour la somme de 32 taëls *konfa*.

(2) Le gouverneur du Petchili avait été réprimandé parce que le maréchal Nièh avait tué quelques Boxers. Aussi, pour aider au double jeu de l'Impératrice, fit-il tirer à blanc dans la suite. Les résultats nuls de ce feu contribuèrent à répandre la croyance à l'invulnérabilité des Boxers.

Un mandarin chevauchant un tigre, (c'est-à-dire aidé par l'armée) poursuit les pourceaux *kiao sz* (missionnaires) et les chèvres *yann jenn* (étrangers) qui fuient éperdus et mutilés. — Sur l'image originale, le fer de la hallebarde du mandarin est tout ensanglanté.

LE DIEU DU TONNERRE FOUDROIE LES ÉTRANGERS ET LES CHRÉTIENS.

17

Gravures d'attaque montrées par Lo Tcheun Liang à Ho Tchinn Ki et copiées par Wenn Liang Koum.

(Texte pages 241 à 246.)

UN MANDARIN RAMÈNE, CHARGÉS DE LIENS,
LES CHÈVRES (ÉTRANGERS) ET LES POURCEAUX (MISSIONNAIRES ET CONVERTIS).

Leur supplice ne tardera point. — Déjà des têtes de chèvres et de pourceaux sont clouées aux portes de villes.

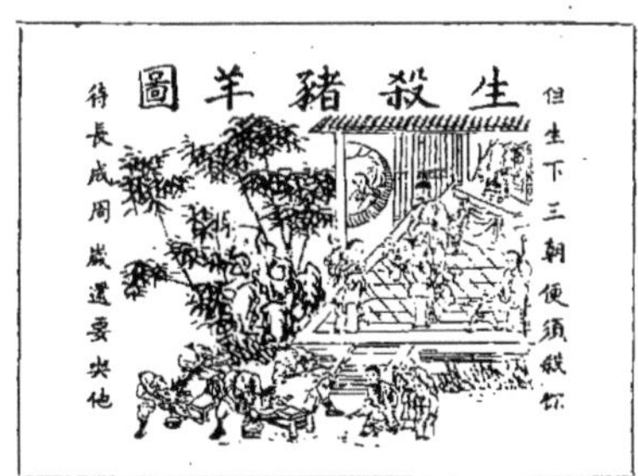

« SACRIFIEZ AUX DIEUX LES ÉTRANGERS, LES MISSIONNAIRES ET LES CONVERTIS POUR FÊTER LA NAISSANCE D'UN FILS. »

« SACRIFIONS AUX DIEUX
LES POURCEAUX ET LES CHÈVRES
(marqués Jé Sou et Si)
QUI VIENNENT
DES PAYS D'OCCIDENT. »

« ICI SE VEND LA CHAIR DES CHÈVRES
ET DES POURCEAUX »
*(marqués yang jenn, kiao thou
et kiao sz)*
qui seront mis à mort et dépecés.

CHÂTIMENTS DES ÉTRANGERS,
DES MISSIONNAIRES ET DES CONVERTIS,
DANS LES ENFERS BOUDDHISTES
ET TAOÏSTES.

L'image symbolique sciée en deux porte les caractères « Jé Sou ». Le pourceau broyé sous le balancier porte les caractères « kiao sz » (missionnaires). Des têtes de chèvres fraîchement coupées sont montrées à des Européens qui, pâles d'angoisse, assistent à ces supplices.

**Gravures d'attaque
montrées par Lo Tcheun Liang
à Ho Tchinn Kî et copiées
par Wenn Liang Koum.**

(Texte pages 241 à 246.)

pas reconnaître en tout ceci la protection de nos Dieux et les privilèges précieux accordés à tous nos frères. Nous vous annonçons aussi que le grand gouverneur Yu Henn vient d'être décoré d'un carré brodé portant le monogramme *Fou* (bonheur) tracé par la main auguste de l'Impératrice.

L'IMPÉRATRICE HSEU HI, A VINGT ANS.

Sachez donc qu'Elle est de cœur avec nous et nous aidera : si les édits nous condamnent de temps en temps, c'est qu'Elle a la main forcée par les étrangers.

Tout ce que la Chine compte d'illustre et de grand est avec nous : Sinn Tong, le grand secrétaire d'Etat; Ying Mênn, le président de la Cour des Censeurs; Yi Siéou, le président du Ministère des Rites; Tchao Chou kouo, le président du Ministère de la Justice; Siu Tcheng yu, le président du Ministère de l'Intérieur; les ducs Fou Kouo et Tsaï Yi; Li Ping hêng, le gouverneur général du Sze Tchouenn; et tant d'autres hommes d'Etat qui sont la gloire de notre pays...

Le 5 de la 5e lune (1er juin).

Festival du Dragon et jour du paiement des dettes. Bientôt sera réglée la grande dette des Barbares! Comme le proclame un manifeste qui circule aujourd'hui : « Quand nous les aurons tués tous, nous mettrons en pièces les chemins de fer, abattrons les télégraphes et brûlerons les steamers. »

Ah! que se lève enfin l'aurore de ce grand jour.

* * *

Hier soir, j'ai distribué un gros paquet de manifestes, dont voici l'abrégé :

Prédictions pour les 6e et 7e lunes.

« Cette année, il y aura des choses terribles à cause de la 8e lune intercalaire. Au 17e jour de la 6e lune et au 28e jour de la 7e lune, portez sur vous en signe distinctif un écusson de toile rouge. Offrez aux Dieux un sacrifice pendant la nuit, car en ces jours néfastes un grand nombre périra.

» En effet, les cruels Européens ont soudoyé des traîtres pour badigeonner de sang, pendant dix-huit jours, les portes de nombreuses maisons. Alors, comme vous le savez, leurs habitants périssent d'une mort affreuse le 18e jour : la cervelle fait sauter le crâne.

» Pour conjurer ces sortilèges abominables, suspendez à votre porte une branche de saule et un petit sac de toile rouge contenant neuf grains de poivre et un morceau de craie. »

Manifeste
distribué le 6e jour de la 5e lune.

(Jour où l'on suspend des branches de saule devant chaque porte pour obtenir la protection des esprits et où l'on mange des *tsoung dzeu* (1)) :

« Soutenez la *Grande Dynastie très pure* et détruisez les *Barbares de l'Océan*. Depuis quarante ans, les étrangers ont troublé l'Empire, se sont emparés de nos ports et ont pris possession des douanes maritimes. Méprisant nos dieux et nos sages, les religions catholique et protestante irritent le Ciel et la Terre. Aussi, la sécheresse va-t-elle régner sans interruption jusqu'à ce que l'ancien ordre des choses soit rétabli. Mais huit millions d'Esprits vont descendre du ciel. Avec l'aide des ligues secrètes patriotiques, ils vont

(1) Riz cuit à l'eau, ficelé dans une feuille de maïs. Le but de cette pratique est d'échapper aux fauves et aux serpents.

« LES RELIGIONS CATHOLIQUE ET PROTESTANTE
IRRITENT LE CIEL ET LA TERRE. »

Cortège dispersé par la police de la Concession
internationale de Shanghaï.

(Texte page 254, alinéa 4.)

purifier l'Empire en balayant les étrangers dans la mer. Hâtez-vous, en propageant cette nouvelle, de faire des adeptes à l'admirable doctrine des *Grands Couteaux* et des *Boxers*. Si vous gagnez un adhérent à notre cause, vous serez préservé de tout malheur futur. Le fait de convaincre dix personnes protègera votre famille ou votre village contre toute calamité. Au contraire, ceux qui ne font pas de prosélytisme pour notre sainte cause mourront dans les supplices. Nous répétons que la pluie ne rompra point cette longue et terrible sécheresse aussi longtemps que les étrangers n'auront pas été exterminés. Ignorez-vous que les misérables *Yang Kwei tz* empoisonnent les fontaines et les puits pour s'emparer de notre pays? Les fils de Han qui auraient été assez malheureux pour avoir bu de cette eau doivent immédiatement utiliser la prescription suivante :

» *Litchis kann* (litchis séchés)	1/4 once.
» *Ginseng*,	1/4 once.
» *Mei hwa hicnn* (camphre)	1/4 once.
» *Hsi yang tsaï* (cresson de fontaine)	1/4 once. »

Le 9e jour de la 5e lune (5 juin).

Ho me montre ce matin une lettre reçue du Chann Toung par notre chef Tcheng Pe tcheng :

« Même les femmes et les filles de Tsao Tchow Fou et du Chann Toung s'unissent à nous contre les étrangers. Voici une strophe de notre nouveau chant de guerre :

« Nous, les frères du *Grand Couteau*, conduirons le char. Nos sœurs, les *Houng Teng Tehao* (jeunes filles de la Lanterne rouge), formeront l'arrière-garde. Ensemble nous attaquerons les étrangers et les jetterons à la mer. »

Nous vous adjurons de continuer de répandre les sentiments nationalistes et la haine de l'étranger.

Le 11e jour de la 5e lune (7 juin)

Le *lao yè* (vieillard) Hip Taï wann nous rappelait hier soir comment les *kiao thou* et les *fann kwei* (les convertis et les étrangers) jettent sur nous des charmes malfaisants (1). Ces misérables découpent en papier notre image sur laquelle ils écrivent les *patzeul* qui donnent l'année, le mois, le jour et l'heure de notre naissance. Puis, en prononçant des formules magiques, ils font subir toutes sortes d'outrages à notre effigie, dans le but de nous faire éprouver le même sort et de faire fondre sur nous mille calamités. Voilà pour-

(1) Toutes ces fables font du peuple chinois un combustible tout prêt à s'enflammer.

quoi tant de malheurs nous ont frappés dans ces dernières années.

Il faut acheter des talismans conjurateurs aux *tao jenn* (1) de la ruelle du *nuage brillant*.

Le 3e jour de la 5e lune (31 mai)

Fête de Kwann Ti, Dieu de la guerre. Puisse-t-il nous être propice dans la lutte terrible qui va commencer !

Nous faisons tous les jours de nouvelles recrues. On dit que la misère est grande partout. Les jonques du Peï Ho chôment parce que la navigation à vapeur prend leur place. Les conducteurs de caravanes et les charretiers sont sans emploi à cause de l'extension des chemins de fer. Les courriers à pied et à cheval sont privés de riz et de millet par suite de l'organisation des postes et des télégraphes. Les tisserands qui emploient le

(1) Littéralement : « raison-homme ». Ce sont les moines taoïstes. Vêtus d'une longue robe à larges manches, ils portent les cheveux noués au sommet de la tête et maintenus en place par un bonnet à ouverture centrale.

Lao Tzeu ou Lao Kuinn, qui fonda le taoïsme (doctrine de la raison), était contemporain de Confucius. Ses théories sont réunies dans le Tao Te King, livre de la raison et de la vertu. Lao Tzeu est moins pompeux mais plus profond que Confucius, et vécut presque inconnu, méprisant les hommes et les richesses. Le taoïsme actuel est un tissu d'innombrables superstitions.

SOLDATS DE TOUNG FOU SIANG.

(Texte page 260, alinéa 2.)

métier à main et les ouvriers du fer vivent dans un dénuement complet par suite de la concurrence des machines. Enfin, les paysans manquent de tout, ruinés par la sécheresse prolongée que provoquent les artifices diaboliques des Barbares et la fureur du Ciel irrité de leur présence. Il faut verser le sang étranger pour nous rendre propices les Dieux et hâter le retour de l'âge d'or où vivaient heureux les fils de Han.

Le 23e jour de la 5e lune (19 juin).

« On apprend que le 15e jour de cette lune, au moment où l'armée du terrible Toung Fou siang, venant du Sud et marchant vers la porte Young Ting Mênn, arrivait à Tâ Tcha Tzo Kou, son avant-garde rencontra un fonctionnaire japonais dans une chaise verte à bordure rouge et insignes mandarinaux (1). Ce fut considéré comme de mauvais augure. Aussi les soldats, arrachant le Barbare de sa chaise, le tuèrent-ils aux acclamations de l'armée. »

Le bruit court que des églises sont incendiées depuis le 17 et que les massacres ont commencé. L'invulnérabilité de nos frères aurait fait mer-

(1) C'était l'interprète Sougi Yama, de la légation japonaise, tué le 11 juin.

veille. Sur les étendards de ralliement sont écrites les devises : *Tâ Tienn Shunn Tao* (ministre de la justice céleste), *Pao Tsing, Mié Yang* (protéger la dynastie, anéantir les étrangers) et ce ne sont point là de vaines paroles.

Le grand et généreux prince Touann aurait rendu publique la proclamation suivante (1) : « Il sera donné 60 taëls pour la tête d'un Européen, 50 pour la tête d'une femme blanche et 30 pour la tête d'un enfant (2). »

Nous sommes anxieux de recevoir des nouvelles...

(1) Le prince Touann est le petit-fils de Tao Kwang et cousin des empereurs Toung Tchi et Kouang Su. Son fils, nommé Tâ E Ko ou Eko (héritier présomptif) fut dégradé à la demande des puissances.

(2) La tête des étrangers fut mise à prix plus récemment. Voici une affiche placardée dans le district de Toou Wat (au Nord de Kao Tong, Kwangtoung) en février 1904 :

« *Importante notice.* — Maintenant, par ordre du chef Lann Tâ Tchang, ceci est notifié :

» Si un Barbare passe par ici pour construire le chemin de fer, il faut que tous nos frères se rassemblent. Trois règles seront observées :

» 1° Tous les habitants des différents villages doivent faire preuve d'ardeur et de courage quand les gongs seront battus pour donner le signal de l'action.

» 2° Les étrangers, les chrétiens et les ouvriers du chemin de fer seront exterminés.

» 3° Tous ceux qui mettent à mort un Barbare et montrent sa tête recevront une récompense de 20 dollars. — Publié par le 3e district. » — (Le dollar de Canton valait environ frs 2.30 en janvier 1904.)

Le dernier jour de la 5e lune
(24 juin).

Ce matin se sont répandues des rumeurs qui nous ont remplis de joie. La guerre serait déclarée depuis cinq jours; on se battrait à Tientsin; la vengeance de la race aux cheveux noirs aurait été inexorable!

Nous faisons tous les jours de nouveaux adhérents.

Le 4e jour de la 6e lune
(30 juin).

Arrivée d'un courrier de Tsao Tchow Fou. On affiche au *yamênn* du *Tchi Fou* des extraits de la proclamation du *Tà Tienn Tzou* (le Fils du Ciel, l'Empereur) datée du 25e jour de la 5e lune (21 juin) et en même temps un bulletin de victoire. Hip Taï wann et les lettrés du *yamênn* expliquent au peuple qui se presse la signification des affiches. C'en est fait! Le jour grand et terrible a lui! Les Barbares sont bloqués dans Pékin depuis le 8e jour de la 5e lune (4 juin). Le 23e jour de la 4e lune, sommation leur a été faite de quitter Pékin endéans les vingt-quatre heures. Ils ont refusé cette offre généreuse et le siège des Légations a commencé dès le lendemain. Dans les dix-huit provinces a sonné l'heure du massacre des étrangers.

L'Empereur et l'Impératrice sont avec nous! Le mouvement commence. On incendie les chapelles. Dans le tumulte retentissent mille cris de mort : *Châ! Châ!* (Tue! Tue!)

Les braves patriotes massacrent les convertis. Je suis arrivé à temps pour assister à l'incendie de la mission catholique. C'était beau à voir! J'aurais voulu être de ceux qui tuèrent les deux prêtres. Malheureusement, ils étaient déjà morts lorsque je suis arrivé à la chapelle : nos frères les avaient saignés comme des pourceaux. On aurait dû montrer plus de calme et torturer plus longue-

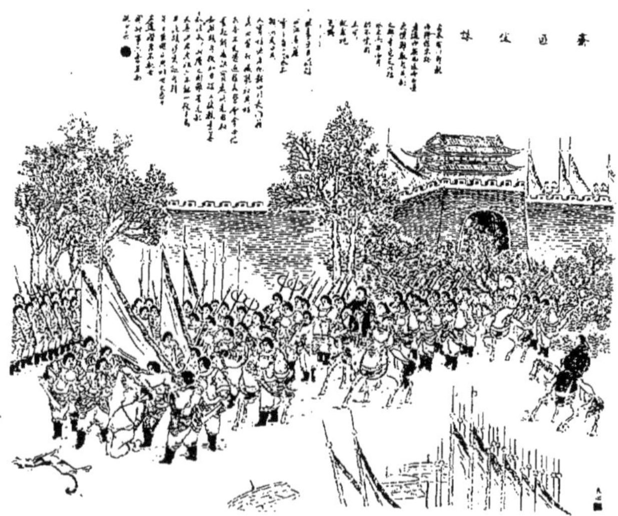

LE SUPPLICIÉ FUT ARROSÉ DE SANG DE CHIEN...

(Texte page 263, alinéa 2.)

MASSACRE DES CONVERTIS. (Texte page 266, alinéa 2.)

ment les Barbares. Ils ne se sont pas défendus. On leur a retiré les entrailles. Puis, on les a décapités. J'ai vu la tête de l'un d'eux, très jeune, à la barbe blonde maculée de sang. L'œil gauche, arraché de l'orbite, pendait sur la joue.

Les braves patriotes ont traîné les cadavres dans les rues. Même les femmes et les enfants donnaient des coups de pied à ces corps sans tête et arrosés de sang de chien. On sait que c'est la pire des souillures : un talisman qui en est couvert perd aussitôt toute vertu. Il en résulte que l'esprit des missionnaires ne pourra se venger des justiciers...

La colère de tous les patriotes était superbe à voir. Nous nous sommes rués dans les maisons des convertis. Nous en avons tué plus de trois mille. C'est une chose juste : ce sont des traîtres à notre sainte cause, qui ont cessé d'être Chinois. Nous les avons éventrés et coupés en morceaux. Ils auront pour sépulture les busards, les corbeaux et les chiens.

Pour mon compte, bien que je n'aime pas la vue du sang, j'ai coupé le cou d'une chrétienne à genoux devant un Crucifix. Mon couperet était émoussé : j'ai dû scier.

Nous nous sentons un grand courage. C'est une chose merveilleuse : la haine de l'étranger a donné une âme guerrière aux gens les plus pacifiques.

Je suis rentré très fatigué, mais content. La belle journée! Lorsque tous les Barbares d'Occident ainsi que leurs partisans, les convertis, auront été massacrés entre les quatre mers, les étrangers terrifiés n'oseront plus revenir parmi nous.

* * *

Le 8e jour de la 7e lune (2 août).

Les *Yang Kwei tz* et les *kïao thou* auraient été mis à mort dans les dix-huit provinces pendant les jours qui viennent de s'écouler. Le général Toung Fou Siang aurait remporté sur les Barbares la plus grande victoire des temps modernes, tandis que les torpilleurs de l'amiral Sou auraient anéanti les escadres ennemies à Tâ Kou et Shann Haï kouann. Les Dieux sont avec nous, car notre cause est juste...

Voilà plusieurs jours que Lo Tcheung liang ne reçoit plus de message de Tsao Tchow fou.

Le 15e jour de la 7e lune,
jour du « Tchoung Yuann tchieh »
ou festival des âmes.

Un marchand de chevaux qui vient du Nord rapporte que toutes les Mongolies sont soulevées. Il a pris part, le 27e jour de la 6e lune, à l'exécution

MASSACRE DES CONVERTIS,
PARTISANS DES BARBARES
(Texte page 265, alinéa 2, et 266, alinéa 1.)

LE GÉNÉRAL TOUNG FOU SIANG.
(Texte page 266, alinéa 2)

par les Ordos (1) d'un chef de *kïao sz* nommé Ha Mé (2). La barbe et les cheveux du *lao yang kwei* (vieux diable d'Occident) ont été arrachés par touffes. Comme il voulait, par un signe magique (3), encourager les *kiao thou* égorgés devant lui par nos frères, on lui trancha les doigts de la main droite pour empêcher le sortilège. Le chef des *kïao sz* commença de prier à haute voix, mais deux coups de lance sur la bouche eurent vite fait de lui briser les dents et de lui entamer la langue. A la grande joie de la population, on le promena par les rues, attaché par une chaîne, qui passait sous les côtes supérieures à demi arrachées.

Cahoté dans un chariot où des lames de hache-paille et des broches de fer lui faisaient une couche moelleuse, il fut transporté de Touo Tchoueng à Hokéou (Ordos).

Cependant, comme la gangrène se mettait dans les plaies, il fallait se hâter. Le *lao yang kwei* fut attaché à un poteau. Les oreilles et le nez furent coupés, et la peau du visage délicatement enlevée. Alors des morceaux de coton imbibés de beurre et

(1) Population mongole qui habite le plateau de l'Ordos (dit Ho tao), limité au Nord par une boucle du Wang Ho et au Sud par la Grande Muraille.

(2) Mgr Hamer, des Missions de Scheut lez-Bruxelles.

(3) C'était probablement le geste de la bénédiction.

de graisse furent placés sur sa tête et allumés. Comme il avait perdu connaissance, on le ranima et lui crevant successivement les yeux. Malheureusement l'agonie vint trop vite. Alors de la poitrine et du ventre ouverts furent arrachés le cœur et les entrailles.

Voilà comme il faudrait traiter tous ces chiens d'étrangers !

Quant aux bonzesses chrétiennes (1) et aux converties, elles furent lentement égorgées ; les filles de l'orphelinat furent conduites à Ninghaï (Kann Sou), pour y être vendues comme concubines ou comme *yatow*.

Ce qui montre la grandeur d'un peuple, c'est l'inflexible sévérité de sa vengeance !

Le 20e jour de la 7e lune.

Aucune nouvelle ne nous arrive plus. Mais d'inquiétantes rumeurs circulent, invraisemblables et contradictoires. On dit que, par trahison et par voie de sortilèges, les Barbares auraient été victorieux à Young Tsing, à l'occident de Tientsin. Leurs pratiques de sorcellerie auraient réduit à néant les charmes boxers, et l'invulnérabilité de nos frères aurait pris fin. Nous sommes très anxieux...

(1) Les religieuses de la Sainte-Enfance.

Le 25ᵉ jour de la 7ᵉ lune.

Ces nouvelles désolantes ne sont que trop vraies. Les Barbares sont arrivés à Toung Tchow depuis plusieurs jours. Les soldats de Toung Fou siang, de Mâ Yuh kounn et de Ou Ouée sont en fuite. Hélas! comment se peut-il que les défenseurs d'une si belle cause soient battus ?

Le 26ᵉ jour de la 7ᵉ lune.

C'en est fait! Les portes *Heou Mènn* et *Si Ou Mènn*, à Pékin, ont été prises d'assaut par les Barbares le 21ᵉ jour de la lune. L'Empereur, abandonné des Dieux, fuit vers l'Ouest. La Cour le suit. Une proclamation du *fou taï* condamne les boxers et ordonne de protéger les *kiao thou* : je crois d'ailleurs que tous ceux-ci ont été exterminés.

On dit que la vengeance des Barbares sera terrible. Lo Tcheung liang fait ses préparatifs de départ. Je quitterai KaïFong aussitôt que possible. La panique et la terreur se répandent partout. L'Empire est perdu. La Chine va périr. C'est la fin de tout!...

APPENDICE AU JOURNAL D'UN BOXER

□

(NOTES SECRÈTES DE HO TCHING KÌ

vendues par lui (en 1905)
au Barbare d'Occident Ha Le Fel (1)
pour la somme de 23 taëls « konfà »)

□ □

Le but des pratiques magiques de notre grande secte est d'obtenir que, par une réincarnation temporaire, l'âme d'un héros des dynasties éteintes et des âges révolus vienne nous animer. Dès lors, nous serons à même d'accomplir les mêmes actions d'éclat glorieuses que nos théâtres et nos conteurs ont popularisées.

***

Pour atteindre ce but, nous utilisons les charmes et les incantations suivantes de la secte des *Grands Couteaux* :

Les pieds sur une croix tracée sur le sol (sur un

(1) Prononciation chinoise de Harfeld.

CÉRÉMONIE BOUDDHISTE DANS UN TEMPLE, A POO TOU.

BONZES BOUDDHISTES.

(Texte page 275, alinéa 7.)

LES *Che Pá Louo Hann.*

Vue prise dans un temple, à Poo Tou. — (Texte page 275, alinéa 6.)

crucifix si vous en avez), faites face au Nord et relisez chaque jour trois fois la formule magique. Puis frappez trois fois la tête sur le sol en accomplissant le *kotow*. Après cent jours vous serez prêt.

(Remarque très importante : Si, pendant cette période, vous ne vous abstenez de viande et si vous n'êtes pas profondément respectueux en lisant l'incantation, elle est inefficace.)

Incantation :

« *Nâmà, Ngo Mi To Fo !*
(Salut, ô Bouddha immense !)

» Selon les instructions des anciens Sages, j'invoque avec respect *Chéou Sing*, le Dieu de la longévité, qui habite la première constellation du zodiaque. Les Génies des montagnes du Centre, du Sud et des grottes souterraines, ainsi que *Yuenn Cheu Tsoënn Tiënn*, qui combattit les Démons terrestres, sont instamment suppliés de venir animer Ho Tching kî, l'humble disciple qui étudie l'art magique des *Grands Couteaux*. Je désire ardemment délivrer la Chine et exterminer les étrangers. Je crois fermement que le tranchant du glaive et de la hache ne laissent point de traces sur l'initié.La décharge du canon ne le blesse point. Les flots de l'Océan sont impuissants à le noyer.

» Je sais, par les lumières de la foi, que si j'appelle instamment ces puissants Génies, ils quitteront leurs sièges dans les grottes des montagnes pour venir à moi.

« Anciens Sages et vous, *Yuenn Cheu*, vénérable *Mère sans origine*, incarnation de la matière cosmique avant la création des êtres distincts, exaucez ma prière ardente. »

***

Voici le deuxième charme :

Face au Sud-Est, faites avec la main gauche le signe magique des trois montagnes et avec la droite celui du dragon. Dessinez sur le sol une croix sous chaque pied. Puis lisez sept fois au moins et dix fois au plus l'invocation suivante en heurtant chaque fois du front le sol : les Génies invoqués prendront possession de votre corps :

« *Nâmâ, Ngo Mi To Fo!*

» Que la Trinité bouddhique *Sann Eo* du Ciel thibétain, les huit Génies immortels *Pà Sienn*, les cinq Bouddhas purs, les *Che Pâ Louo Hann*, qui sont les disciples les plus illustres de Bouddha, condescendent à m'instruire !

» Nos bonzes nous enseignent que, par des exercices de magie consciencieusement pratiqués, tout homme peut atteindre à la perfection et l'immortalité. La mort n'est alors qu'apparente, car l'immortel ne fait que se dépouiller de son enveloppe charnelle comme un serpent change de peau.

KOUANN TI

» *Ngo Mi To Fo*, grand Législateur du Ciel, et vous *Ti Tsang*, Roi des Enfers, *Kouann Ti*, Dieu de la guerre, *Houo Tchenn*, Dieu du feu, *Loei Koung*, Dieu du tonnerre, *Hé Hou Yè* au bras fort (1), je vous implore... Je ne sais quel héros vénérable viendra animer mon humble corps.

» Je conjure les Dieux de fer des grottes du Nord de sortir de leur temple de fer, couverts d'armures de fer. Qu'ils nous rendent invulnérables aux canons de fer!

» Ciel et Terre, éclairez-moi, et que les Génies viennent à mon appel! »

Ici, fermez les yeux, retenez votre respiration et ayez foi.

Par la demi-initiation, le corps devient insen-

(1) L'Hercule chinois.

sible à l'arme blanche; par l'initiation complète, il devient impénétrable aux balles et aux obus des *yang kwei tz.* Tous les chefs en second ordre ont l'initiation complète, mais notre chef possède des dons extraordinaires de dédoublement et d'ubiquité.

Nous, humbles disciples, devons chercher à atteindre l'initiation complète, afin d'anéantir les étrangers et de ramener les jours bénis où le *Kilinn* (1) reparaîtra, annonçant à tous, *entre les quatre mers*, le retour de l'harmonie et de la paix.

(1) *Kilinn* ou *Tjilinn*, roi des animaux poilus, sorte de licorne qui apparait aux périodes de tranquillité et de bonheur.

Ces charmes ont été notés par Ho Tching Kî dans sa maison de Kaï Fong, impasse des Cent un petits fils. Pur d'intention, il l'a fait en un jour favorable, le 23e de la 4e lune de la 26e année de « Kwang Su » (20 mai 1900), avec une crainte respectueuse et en tremblant.

TABLE

□

CHAPITRE I. — OPINIONS D'UN LETTRÉ ÉCLAIRÉ *(suite)* :

PREMIÈRE PARTIE. — *Griefs des Chinois* (suite) :

CHAPITRE I. — OPINIONS D'UN LETTRÉ ÉCLAIRÉ (*suite*) :

§ I. — *Griefs des Chinois* (suite) :

CHAPITRE II. — LA DÉCOUVERTE DE L'EUROPE PAR UN FILS DE HAN *(suite)* :

CHAPITRE II. — LA DÉCOUVERTE DE L'EUROPE PAR UN FILS DE HAN *(suite)* :

Pages.

CHAPITRE IV. — OPINIONS D'UN BOXER *(suite)* :

TABLE DES GRAVURES

□ □

INDEX

I

J

K

L

M

Y

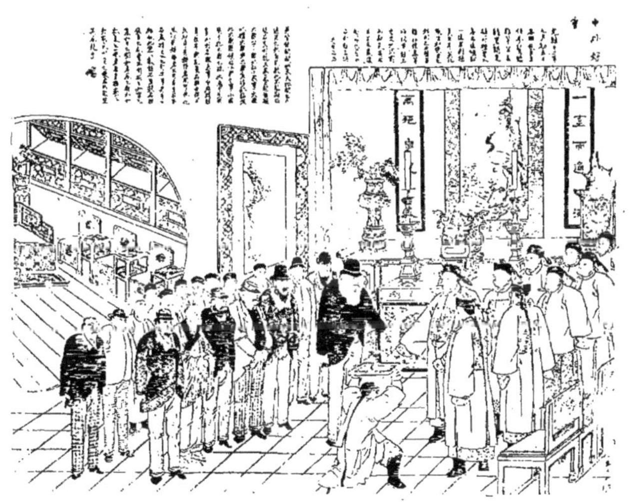

Documenté par
190 gravures.

www.ingramcontent.com/pod-product-compliance
Ingram Content Group UK Ltd.
Pitfield, Milton Keynes, MK11 3LW, UK
UKHW012013240726
13965UKWH00002B/337